Arbeitsheft

cms2day
Das Mini CMS für jeden Einsatz

Arbeits- und Präsentationstechnik - Angewandte Datenverarbeitung

1. Auflage

Saarbrücken 10/2017

Softfrutti Verlag

Bildquellen
Bildportale freier Bilder:
www.openclipart.org
www.pixabay.com

Das Übungsmaterial für Schülerinnen und Schüler steht zum Download auf der Website:

www.softfrutti.de

MATERIALIEN

Symbole

	Situation
	Aufgabe am PC
	schriftliche Aufgabe
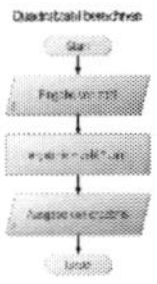	Algorithmus (PAP)
	Infotext

Inhaltsverzeichnis

Sie sind Schülerin/Schüler der Klasse F1 und sollen zusammen mit Ihrer Projektgruppe einen Webauftritt zu einem Thema Ihrer Wahl planen, erstellen und veröffentlichen.

1 Das Modell der vollständigen Handlung – Arbeitsaufträge professionell abwickeln

Ihre Lehrerin / Ihr Lehrer empfiehlt Ihnen die Vorgehensweise nach dem Modell der **vollständigen Handlung**, das die selbstständige, selbstkritische und verantwortungsvolle Bewältigung von Aufgabenstellungen in sechs Phasen abbildet.

Aufgabe 1:
Führen Sie eine Internetrecherche zum Modell der vollständigen Handlung durch und ergänzen Sie die sechs Phasen in den Kästchen.

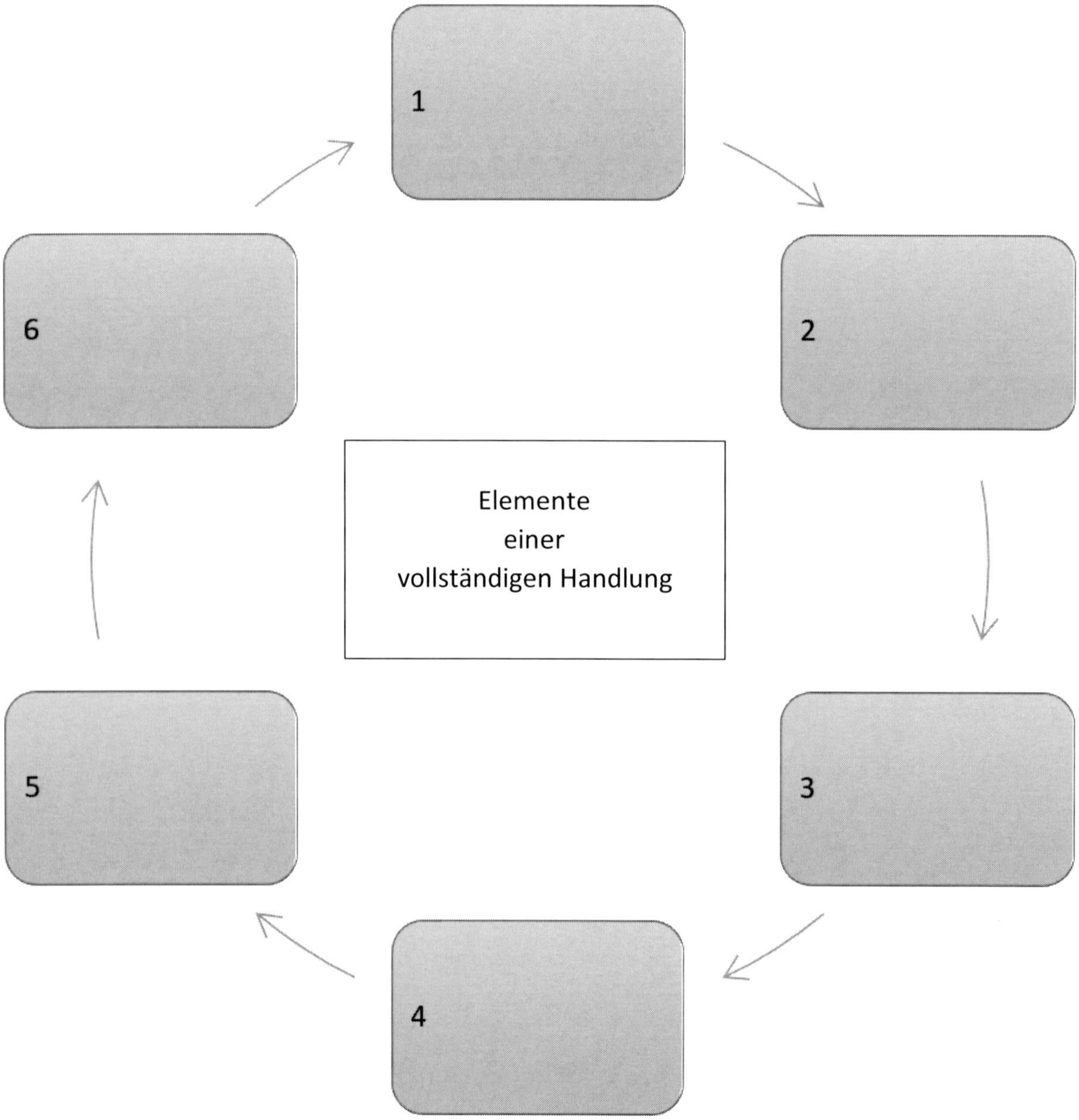

Aufgabe 2:

Erstellen Sie die Präsentation **planung_webauftritt.pptx**. Verwenden Sie das Präsentationsprogramm **PowerPoint** von Microsoft oder **Impress** von Open Office.

Folie 1: Folienlayout: „Titelfolie“
Übergang: „Zufällige Balken“
Bild: **internet.png**.

Folie 2: Folienlayout: „Titel und Inhalt“
Das Einrücken der Aufzählung erfolgt über die [Tab]-Taste (bzw. [Shift]+[Tab]).

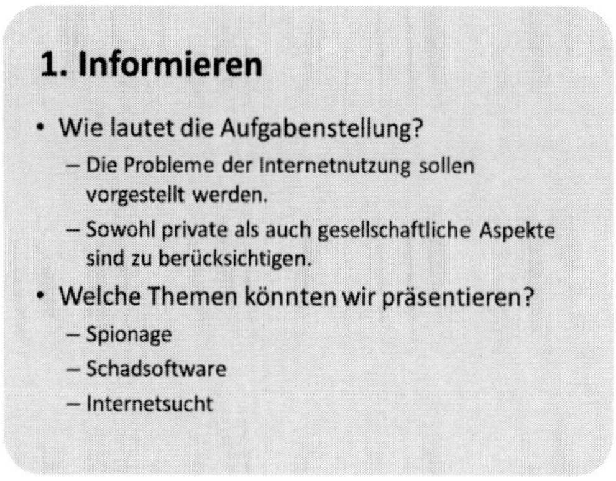

Folie 3: Titel und Inhalt
Folienübergang: Schachbrett

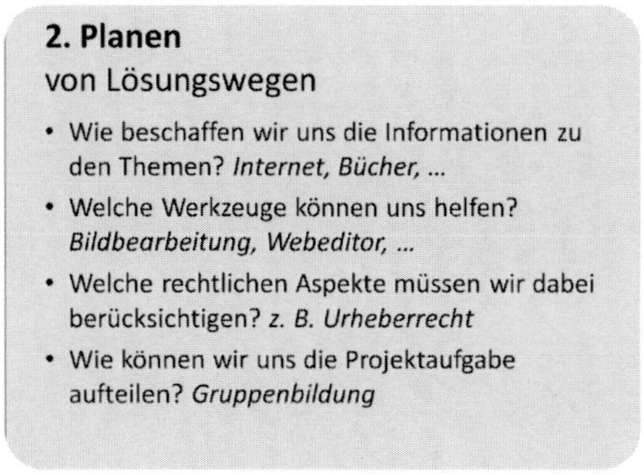

Folie 4: Titel und Inhalt
Grafik aus dem Internet: www.openclipart.org,
Suchbegriff: Handshake

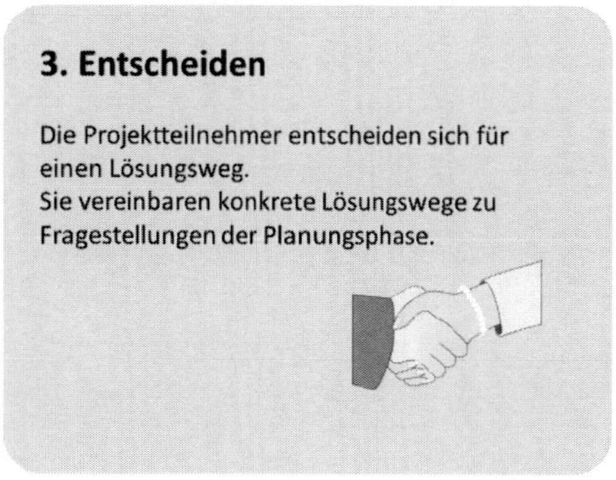

Folie 5: Titel und Inhalt
Folienübergang: Wischen

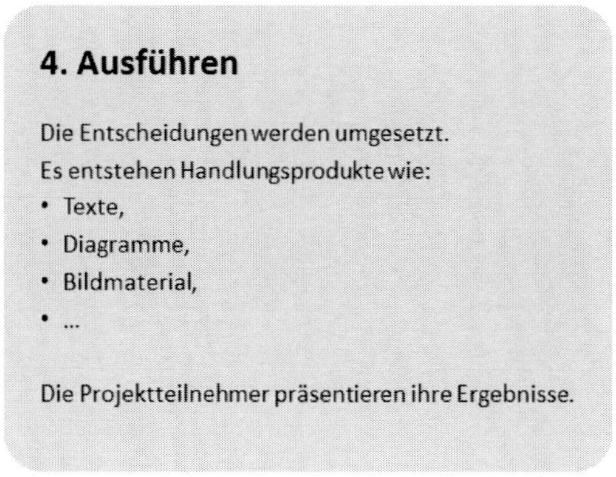

Folie 6: Titel und Inhalt
Folienübergang: Wischen

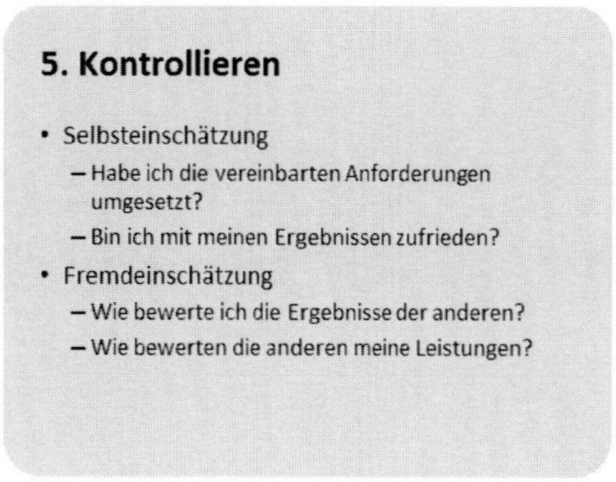

PAP-Designer	**Folie 7:** Nur Titel Einfügen → Formen **oder** PAP-Designer
Der abgebildete Programmablaufplan wurde mit dem Programm PAP-Designer von Friedrich Folkmann erstellt. Das Handling des Programmes ist intuitiv und wir empfehlen den Einsatz des Programms beim Erstellen von Programmablaufplänen. Der PAP-Designer kann kostenlos im Internet heruntergeladen werden. http://friedrich-folkmann.de/papdesigner/Download.html	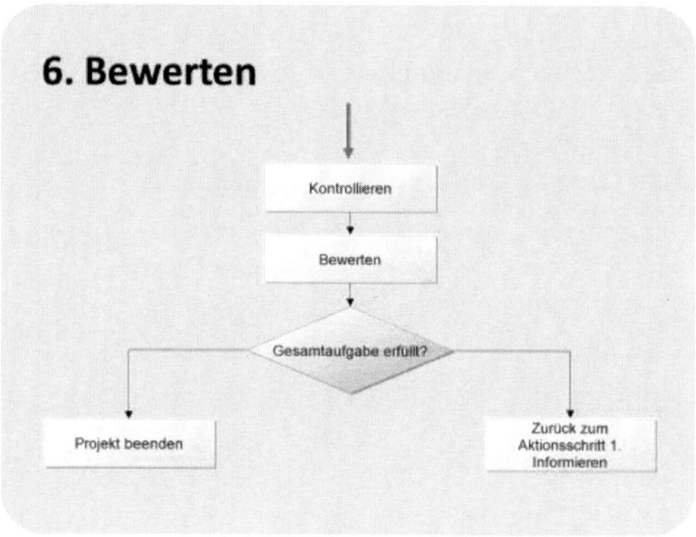

2 Brainstorming und Mindmap

PHASE 1: Ideen finden im Brainstorming

Brainstorming ist eine kreative Methode zum Sammeln von Ideen auf ein bestimmtes Problem bezogen. Die Ideen werden schriftlich festgehalten.

Beispiel: Was gehört zum gesunden Leben?

Treppensteigen

Obst und Gemüse | Sport | Erfolg | Anerkennung

Spazieren | keine Drogen | soziale Kontakte | Ruhephasen

Spaß | ausgewogene Ernährung | Bioprodukte

PHASE 2: Ergebnisse strukturieren

Ideen werden unter Oberbegriffen zusammengefasst.

Gesunde Ernährung	Bewegung	Zufriedenheit
Obst und Gemüse	Sport	soziale Kontakte
Bioprodukte	Treppensteigen	Erfolg
ausgewogen	Spazieren	Anerkennung
keine Drogen	Ruhephasen	Spaß

Bei Unterkategorien bietet sich die Darstellung als **Mindmap** an.

FreeMind ist eine Open-Source-Applikation zum Erstellen von Mindmaps.
Unter folgender Adresse kann die Software heruntergeladen werden:
https://sourceforge.net/projects/freemind/

Aufgabe 3:

- Erstellen Sie mit dem Programm FreeMind die abgebildete Mindmap zum Thema „gesund leben“.
- Speichern Sie die Mindmap-Datei unter **gesund_leben.mm**.
- Exportieren Sie die Mindmap als PNG-Datei **gesund_leben.png**.
- Erstellen Sie ein Word-Dokument und fügen Sie die Bild-Datei **gesund_leben.png** ein.

Aufgabe 4:

Führen Sie ein Brainstorming zum Thema „Probleme der Internetnutzung“ durch.
Notieren Sie die Schlagwörter.
Finden Sie Oberbegriffe und erstellen Sie eine MindMap mit dem Programm FreeMind.

3 Rechtliche Bestimmungen zur Verwendung von Materialien

3.1 **Nutzungsrechte** des Urhebers

Urheberrechtsgesetz (UrhG)

§ 11 Allgemeines

1. Das Urheberrecht schützt den Urheber in seinen geistigen und persönlichen Beziehungen zum Werk und in der Nutzung des Werkes.
2. Es dient zugleich der Sicherung einer angemessenen Vergütung für die Nutzung des Werkes.

Nach § 15 des UrhG hat der Urheber u. a. folgende Verwertungsrechte am Werk:

1. Vervielfältigungsrecht (§ 16 UrhG)
2. öffentliches Verbreitungsrecht (§ 17 UrhG)
3. öffentliches Ausstellungsrecht (§ 18 UrhG)
4. Vortrags-, Aufführungs- und Vorführungsrecht (§ 19 UrhG)
5. Recht der öffentlichen Zugänglichmachung (§ 19a UrhG)
6. Recht der öffentlichen Wiedergabe durch Bild- oder Tonträger (§ 21 UrhG)
7. Bearbeitungen und Umgestaltungen veröffentlichen (§ 23 UrhG)

Verwertungsrechte können vom Urheber veräußert werden.

Aufgabe 5:

Geben Sie drei Argumente für die Einhaltung des Urheberrechtes an.
Welche negativen Auswirkungen hätte es, wenn Nicht-Urheber keinerlei Rechte an den Werken hätten?

Aufgabe 6:

Welche Verwertungsrechte gibt eine Rockband, die für einen Musikverlag eine CD produziert, im Regelfall an diesen ab?
Welche Nutzungsrechte muss Ihnen ein Webdesigner einräumen, damit Sie eine von ihm entworfene Designvorlage auf Ihrer Website verwenden können?

Verwertungsrechte der Rockband

Nutzungsrechte des Webdesigners

Veröffentlichung geschützter Werke

Fast alle Verwertungsrechte beziehen sich auf eine Veröffentlichung des geschützten Werkes.

Öffentlich	Nicht-Öffentlich
Nicht alle Personen, die das Werk nutzen, stehen in einer persönlichen Beziehung zueinander.	Alle Personen, die das Werk nutzen, stehen in einer persönlichen Beziehung zueinander
Beispiel: Beim Schulfest wird ein Film aufgeführt.	Beispiel: Ein Film wird im Klassen-verband gezeigt.

Der Urheber ist nicht verpflichtet, auf sein Urheberrecht hinzuweisen.
Das Urheberrecht gilt automatisch.

Aufgabe 7:
Öffentlich oder nicht?

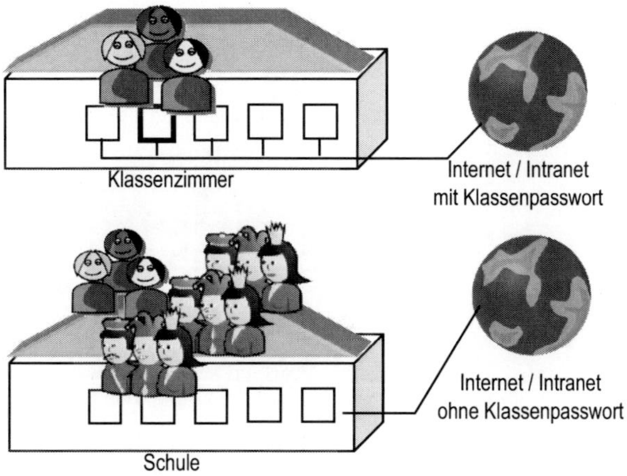

Aufgabe 8:
Betrachten Sie die abgebildeten Werke. In welchen Fällen müssen Sie sich vor dem Veröffentlichen auf Facebook über die Nutzungsrechte informieren?

3.2 Gemeinfreie Werke

UrhG § 5 Amtliche Werke

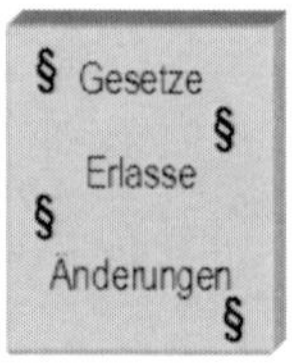

(1) Gesetze, Verordnungen, amtliche Erlasse und Bekanntmachungen sowie Entscheidungen und amtlich verfasste Leitsätze zu Entscheidungen genießen keinen urheberrechtlichen Schutz.

Geschützt sind:	Frei sind:
• kommentierte Fassungen von amtlichen Texten • amtliches Kartenmaterial • privatrechtliche Normen (Bsp.: DIN-Normen)	• wissenschaftliche Formeln und Methodik • Werke mit abgelaufener Schutzfrist • Werke, bei denen der Urheber ausdrücklich auf seine Rechte verzichtet • Allgemeinwissen • Werke mangelnder Schöpfungshöhe

Aufgabe 9:

Begründen Sie, weshalb Einsteins Erben zu Unrecht abkassieren möchten.

Einsteins Erben

Werke nach Ablauf der Schutzdauer

Allgemeines
Das Urheberrecht erlischt siebzig Jahre nach dem Tod des Urhebers.

UrhG
§ 64
§ 72
§ 70

Lichtbilder
Das Urheberrecht von Lichtbildern erlischt 50 Jahre nach dem Erscheinen bzw. 50 Jahre nach der Herstellung des Lichtbildes. Die Schutzdauer beträgt also maximal 100 Jahre. Lichtbilder sind z. B. Fotos, Digitalfotografien und eingescannte Bilder.

Wissenschaftliche Ausgaben
Das Urheberrecht von Werken wissenschaftlich sichtender Tätigkeit, die sich wesentlich von den bisher bekannten Ausgaben unterscheiden, erlischt 25 Jahre nach dem Erscheinen.

Aufgabe 10:

Begründen Sie, weshalb Franz Grubers Erben zu Unrecht abkassieren möchten.

Weihnachtskonzert in der Aula

Aufgabe 11:

Beurteilen Sie folgende Fälle auf rechtliche Zulässigkeit.

Fall 1: (Gemälde nachmalen und veröffentlichen)

In der Kunst AG Ihrer Schule werden

a) Werke des Malers Fridolin Leinwand (* 25. April 1979) nachgemalt und auf der Schulhomepage veröffentlicht.

b) Werke von Vincent van Gogh (*30.03.1853 - ✝29.07.1890) nachgemalt und auf der Schulhomepage veröffentlicht.

Fall 2 (Google-Bilder)

Lehrer Kurt Schramme verwendet auf seiner Homepage ein aus dem Internet geladenes Bild der Mona Lisa.

Aufgabe 12:

Sind die folgenden Werke <u>grundsätzlich</u> geschützte oder freie Werke? Kreuzen Sie an. Begründen Sie mündlich.

Werk	**geschützt**	**frei**
Foto eines Firmengebäudes aus dem Internet		
Rede des Vereinsvorsitzenden bei der Mitgliederversammlung		
Text des Bürgerlichen Gesetzbuchs		
Screenshot eines Stadtplans von GoogleMaps		
Rahmenlehrplan eines Ausbildungsberufes		
Trailer eines Kinofilms		
Binomische Formel: $(a + b)^2 = a^2 + 2ab + b^2$		
Diagramm zur Umsatzentwicklung aus dem Geschäftsbericht einer AG		
DIN-Vorschrift zur Unternehmenszertifizierung		
Auflistung aller Bundesländer mit Landeshauptstädten		
Bauplan des Schulgebäudes		
Rede der Bundeskanzlerin / des Bundeskanzlers zur Finanzkrise	Geschützt, darf aber vervielfältigt werden.	

3.3 Besonderheiten bei der Veröffentlichung von Fotos

3.3.1 Panoramafreiheit

UrhG §59

Gemäß der **Panoramafreiheit** dürfen Außenaufnahmen von dauerhaft öffentlich zugänglichen Werken, die von öffentlich zugänglichen Plätzen aufgenommen wurden, veröffentlicht werden.

- Wenn das Foto nicht selbst erstellt wurde, müssen beim Fotografen Rechte erfragt werden.
- Eine Manipulation der Eigenaufnahme bedarf nach § 23 UrhG der Zustimmung des Architekten bzw. seiner Rechtsnachfolger – sofern der Architekt nicht schon länger als 70 Jahre tot ist.
- Wurde die Außenaufnahme unter Zuhilfenahme einer Leiter, eines Hubschraubers oder anderer Hilfsmittel aufgenommen, darf sie nicht ohne Zustimmung veröffentlicht werden.

Aufgabe 13:

Beurteilen Sie, welche der folgenden Aufnahmen rechtlich unproblematisch veröffentlicht werden dürfen.

a)

b)

3.3.2 Fotos mit Personen

KuG
§ 22
§ 23

Personenfotos

Heimliche Aufnahmen sind verboten (Kunsturhebergesetz KuG).
Bildnisse dürfen nur mit Einwilligung des Abgebildeten verbreitet oder öffentlich zur Schau gestellt werden ....

§ 23
(1) Ohne ... Einwilligung dürfen verbreitet und zur Schau gestellt werden:
1. Bildnisse aus dem Bereiche der **Zeitgeschichte**;
2. Bilder, auf denen die Personen nur als **Beiwerk** neben einer Landschaft oder sonstigen Örtlichkeit erscheinen;
3. Bilder von **Versammlungen**, Aufzügen und ähnlichen Vorgängen, an denen die dargestellten Personen teilgenommen haben; (Anm.: Keine Porträtaufnahmen, keine personenbezogenen Fotos; die Versammlung muss im Vordergrund stehen.)
...
Die Befugnis erstreckt sich jedoch nicht auf eine Verbreitung und Schaustellung, durch die ein berechtigtes Interesse des Abgebildeten oder, falls dieser verstorben ist, seiner Angehörigen verletzt wird.

Das „Recht am eigenen Bild" ist ein Persönlichkeitsrecht.

Achtung: Der Fotograf gilt als Urheber des Lichtbildes und genießt Urheberschutz.

Aufgabe 14:
Begründen Sie mithilfe des Info-Textes, weshalb die Veröffentlichung der abgelichteten Personen auf folgenden selbst erstellten Aufnahmen rechtlich unproblematisch ist.

a)

b)

c)

Aufgabe 15:

Tragen Sie in nachstehender Grafik ein, wer die Rechte am Foto besitzt. KuG steht für Kunsturheberrechtsgesetz, UrhG steht für das Urheberrechtsgesetz.

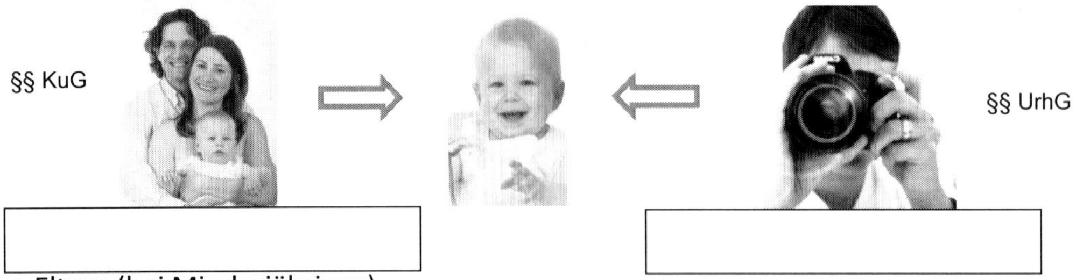

+ Eltern (bei Minderjährigen)

3.4 Verstöße und Strafen

Strafmaß bei Verstößen gegen das Urheberrecht

§ 106 Unerlaubte Verwertung urheberrechtlich geschützter Werke
Wer in anderen als den gesetzlich zugelassenen Fällen ohne Einwilligung des Berechtigten ein Werk oder eine Bearbeitung oder Umgestaltung eines Werkes vervielfältigt, verbreitet oder öffentlich wiedergibt, wird mit Freiheitsstrafe bis zu drei Jahren oder mit Geldstrafe bestraft.
Der Versuch ist strafbar.

§ 108a Gewerbsmäßige unerlaubte Verwertung
Handelt der Täter in den Fällen der §§ 106 bis 108 gewerbsmäßig, so ist die Strafe Freiheitsstrafe bis zu fünf Jahren oder Geldstrafe.
Der Versuch ist strafbar.

FAQs

1. **Darf ich von meinen legal erworbenen CDs/DVDs (Musik und Filme) eine Privatkopie anfertigen?**

Nach einem Urteil des Bundesgerichtshofs können bis zu sieben Privatkopien an den engen Freundes- und Familienkreis weitergegeben werden, wenn die Ursprungs-CD/DVD keinen Kopierschutz hatte und die Originale ordnungsgemäß gekauft wurden (§ 53 Abs. 1 UrhG).

2. **Darf man Privatkopien von Computerprogrammen oder PC-Spielen brennen?**

Bei Computerprogrammen ist gemäß § 69d Abs. 2 UrhG nur eine sogenannte Sicherungskopie erlaubt. Die Weitergabe an Dritte ist bei diesen Werken nicht gestattet.

3. **Kann man entdeckt werden, wenn man Musik oder Filme illegal aus dem Internet lädt?**

Über die IP-Adresse des Rechners im Web ist man eindeutig identifizierbar. Der Provider kann bei Verdacht auf Rechtsbruch dazu verpflichtet werden, die Nutzungsdaten des Kunden herauszugeben.

4. **Wer ist verantwortlich für die Inhalte eines Forums?**

Für die Beiträge in Foren sind die Forennutzer, die sich mit einem Account anmelden müssen, selbst verantwortlich. Der Forenbetreiber hat allerdings die Verpflichtung, rechtswidrige Veröffentlichungen nach Kenntnisnahme unverzüglich zu entfernen.

3.5 Empfehlungen

Quellen „freier“ Materialien

Bildmaterial:	http://openclipart.org	(Cliparts)
	http://pixabay.com	(Fotos)
Texte:	http://de.wikipedia.org	(Enzyklopädie)
	https://de.wikiquote.org/	(Zitate)
	http://de.wikibooks.org	(Lehr-, Sach- und Fachbücher)
Nachrichten:	http://de.wikinews.org	
Gesetze:	http://bundesrecht.juris.de	

Aufgabe 16:

1. Suchen Sie nach dem Foto eines PCs, das Sie auch kommerziell nutzen können und speichern Sie dieses auf Ihrem Rechner.
2. Suchen Sie eine freie ClipArt zum Suchbegriff „Internet“ und speichern Sie dieses auf Ihrem Rechner.
3. Suchen Sie nach einer kurzen Definition des Begriffs „WorldWideWeb“ und speichern Sie den Text auf Ihrem Rechner.
4. Fügen Sie die Bilder und den Text in ein Word-Dokument ein und gestalten Sie es sinnvoll.

Crative Commons

Creative Commons (CC) ist eine Organisation, die vorgefertigte Lizenzmodelle für die Veröffentlichung von „freien“ Fotos auf Internetportalen anbietet.

Symbole der Creative Commons

Public Domain: Sie dürfen das Werk kopieren, verändern, verbreiten, sogar zu kommerziellen Zwecken, ohne um weitere Erlaubnis bitten zu müssen.

Namensnennung: Sie dürfen das Werk vervielfältigen, verbreiten und öffentlich zugänglich machen, Abwandlungen und Bearbeitungen des Werkes bzw. Inhaltes anfertigen, kommerziell nutzen. Sie müssen den Namen des Autors/Rechteinhabers in der von ihm festgelegten Weise nennen.

Keine Bearbeitung: Sie dürfen das Werk vervielfältigen, verbreiten und öffentlich zugänglich machen, das Werk kommerziell nutzen. Dieses Foto darf nicht bearbeitet, abgewandelt oder in anderer Weise verändert werden.

Keine kommerzielle Verwendung: Sie dürfen das Werk vervielfältigen, verbreiten und öffentlich zugänglich machen, Abwandlungen und Bearbeitungen des Werkes bzw. Inhaltes anfertigen. Dieses Foto darf nicht für kommerzielle Zwecke verwendet werden.

Weitergabe unter gleichen Bedingungen: Wenn Sie Werke bearbeiten oder in anderer Weise erkennbar als Grundlage für eigenes Schaffen verwenden, dürfen Sie das daraufhin neu entstandene Werk nur unter Verwendung von Lizenzbedingungen weitergeben, die mit denen dieses Lizenzvertrages identisch oder vergleichbar sind.

Aufgabe 17:

Nennen Sie die Voraussetzungen, unter denen ein Bild, bei dem folgende Symbole vermerkt sind, veröffentlicht werden darf.

4 Bilder für einen Webauftritt vorbereiten

Artweaver Free ist eine kostenlose Software zur Bildbearbeitung. Sie darf im privaten und schulischen Bereich ohne Einschränkungen eingesetzt werden.
Unter folgender Adresse kann das Bildbearbeitungsprogramm heruntergeladen werden: https://www.artweaver.de/de/download/artweaverfree

Zum Webauftritt „Gesund Leben" erstellen Sie eine Bildmontage zur ausgewogenen Ernährung. Das Bildmaterial wird Ihnen zur Verfügung gestellt.

4.1 Drehen und spiegeln

Drehen und Spiegeln

Aufgabe 18:
Drehen Sie die Abbildung eines Steaks in der Datei **steak.png** wie dargestellt.

1. Starten Sie Artweaver.
2. Menü: Datei → Öffnen: **steak.png**
3. Menü: Dokument → Ausrichtung → 90° im Uhrzeigersinn.

Aufgabe 19:
Drehen Sie den Schriftzug in der Datei **orangensaft.jpg** wie dargestellt.

Aufgabe 20:
Der Fisch in der Datei **fisch.jpg** ist zu **drehen und zu spiegeln**.

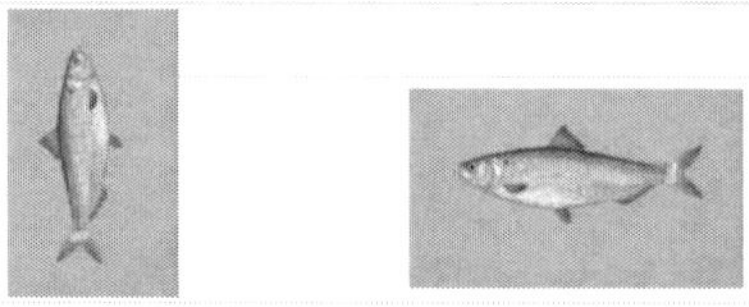

4.2 Bilder für Webauftritte optimieren

Bildübertragung

Beim Aufruf von Webseiten werden Bilder über die Internetleitung übertragen und im Browser geladen. Die Ladezeit hängt von der Download-Geschwindigkeit der Internetanbindung, z. B. 16 Mbit/Sekunde, und der Größe der Bilddatei ab.

Drei Schritte für optimale Bilder:

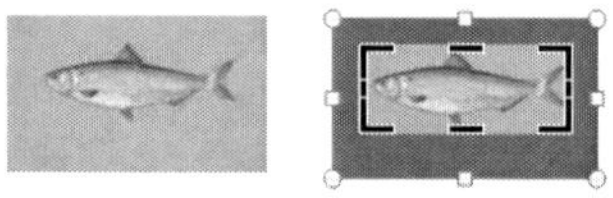

1. Zuschneiden
2. Bildauflösung einstellen :
   Ganzer Bildschirm bei HD-Auflösung:
   1920 x 1080 Bildpunkte
3. Bildqualität reduzieren (eventuell)

Aufgabe 21:

Bearbeiten Sie **hering.jpg** für eine geeignete Darstellung auf einem HD-Display.
Der Fisch soll die halbe Bildschirmbreite einnehmen.
Damit die Ladezeit nicht zu lange dauert, darf die Dateigröße maximal 100 KB betragen.

Zuschneiden

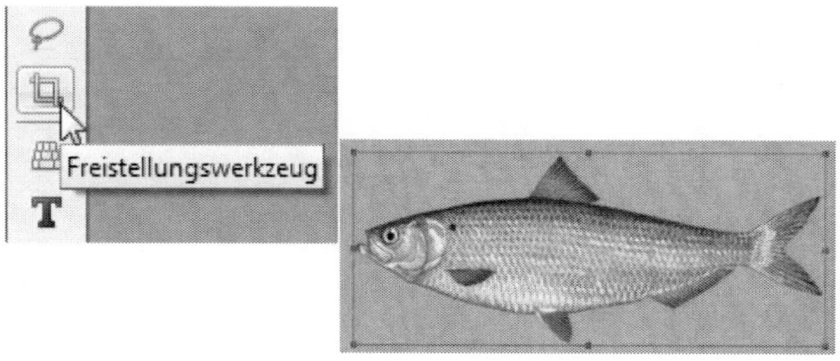

1. Öffnen Sie **hering.jpg**.
2. Wählen Sie das Freistellungswerkzeug.
3. Ziehen Sie einen Rahmen um den Hering auf, sodass möglichst nur der Fisch das Bild einnimmnt.
4. Klicken Sie auf: 

Bildauflösung

5. Menü: Dokument → Dokumentgröße → Breite: 960 Pixel (Proportionen erhalten)

Bildkompression beim Speichern → Bildqualität nimmt ab

6. Menü: Datei → Speichern unter

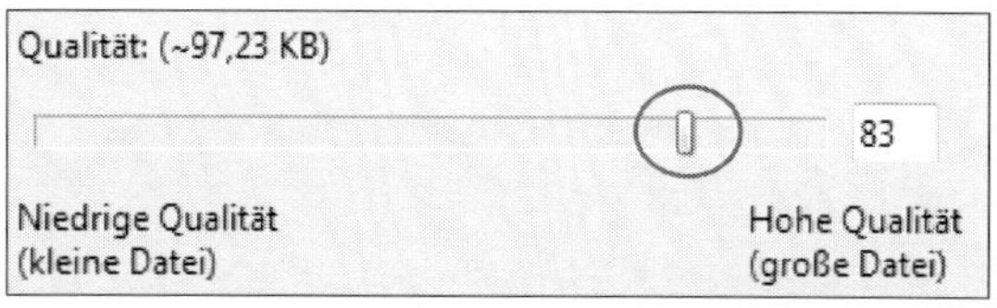

Aufgabe 22:

Bearbeiten Sie **wasserflasche.jpg**.
Schneiden Sie das Bild so zu, dass nur die kleine Flasche dargestellt wird. Das Bild soll in der Höhe 300 Pixel haben und in maximaler Qualität gespeichert werden.

Aufgabe 23:

Bearbeiten Sie **rote_bohnen.png**.
Schneiden Sie das Bild quadratisch zu, indem Sie beim Aufziehen des Rahmens die [Shift]-Taste gedrückt halten.
Das Bild soll ein Viertel der HD-Breite einnehmen.
Speichern Sie im Dateiformat JPG unter **quadratbohnen.jpg** in einer Qualität von 80.

Die Dateiformate JPG und PNG

JPG	PNG
Maximale Anzahl der Farben 16.777.216 **Komprimierung** der Bilder stufenlos möglich, aber auf Kosten der Bildqualität.	Maximale Anzahl der Farben 16.777.216 **Transparenz** möglich

4.3 Bildmontagen mit Ebenen

Ebenen
Bildmontagen entstehen, indem Bilder digital übereinandergelegt werden.
Jedes Bild hat eine eigene Ebene. Alle Ebenen außer der Hintergrundebene können frei verschoben, gedreht und skaliert werden.

Im Artweaver-Dateiformat (.awd) werden die Informationen zu den einzelnen Ebenen mit abgespeichert. Nur in diesem Format kann eine spätere Bearbeitung der Ebenen erfolgen.

4.3.1 Zeichnung erstellen

Aufgabe 24:
Erstellen Sie eine neue Bilddatei, **pyramide.awd.**

1. Menü: Datei → Neu, **Name**: Pyramide, **Breite:** 1000 Pixel, **Höhe:** 700 Pixel, **Auflösung:** 72 Pixel pro Zoll (dpi).

2. Fügen Sie eine neue Bildebene ein:
   Menü: Ebene → Neue Ebene, **Name**: pyramide.

3. Wählen Sie das Form-Werkzeug.

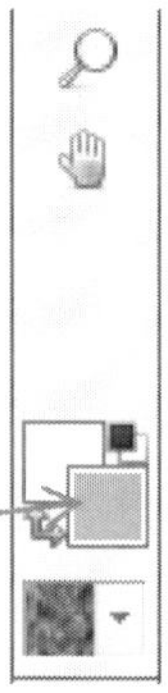

Farbe im Hexadezimalcode

4. Wählen Sie Blau als Vordergrundfarbe.

Doppelklick

5. Wählen Sie als Form ein Polygon mit drei Punkten (Dreieck).

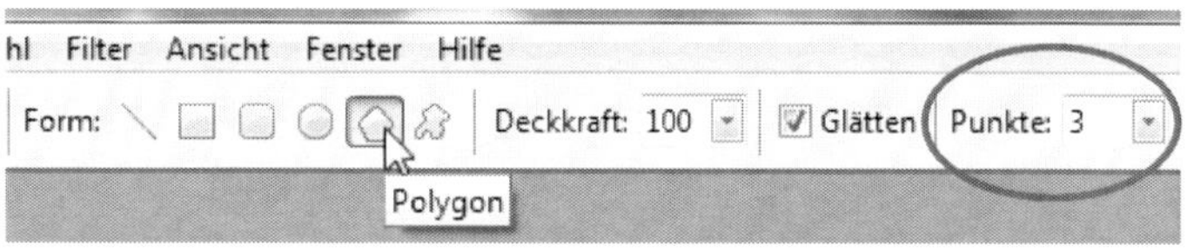

6. Ziehen Sie eine Form von links oben nach rechts unten auf und halten Sie die [Shift]-Taste gedrückt, um eine gleichseitige Pyramide zu erzeugen.

7. Nehmen Sie gegebenenfalls Veränderungen vor:

   - Position verändern: Verschieben-Werkzeug

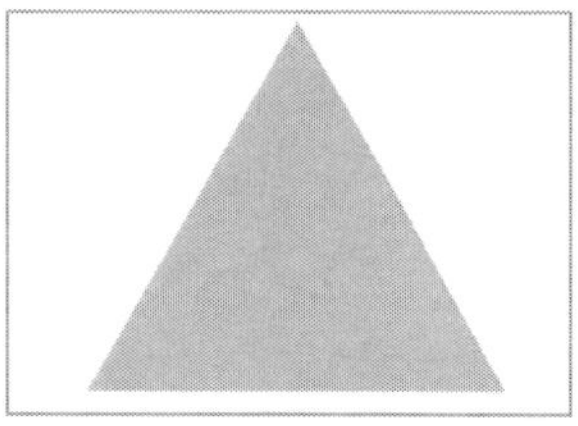

   - Größe verändern: **Menü: Ebene → Frei transformieren**
   Drücken Sie die **[Shift]-Taste beim Ziehen an den Anfassern**, damit das Seitenverhältnis erhalten bleibt.

8. Speichern Sie unter **pyramide.awd.**

4.3.2 Standardauswahl und Ebenen anpassen

Aufgabe 25:
Erweitern Sie **pyramide.awd** um die Abbildung eines Eis am Stiel in der Pyramidenspitze.

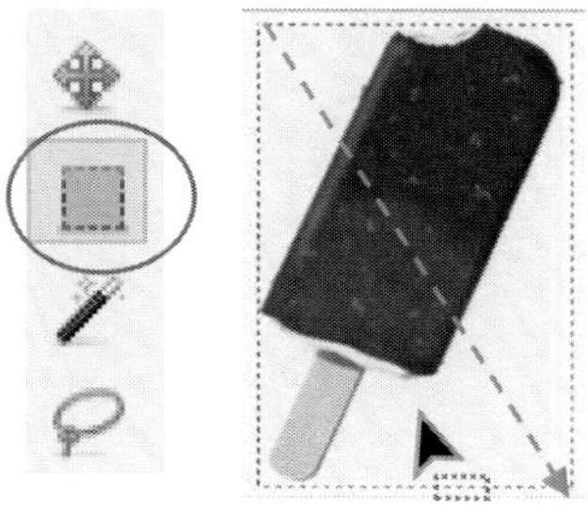

1. Öffnen Sie **pyramide.awd** und **eis_am_stiel.png**.
2. Wählen Sie in der Werkzeugleiste das **Form-Auswahlwerkzeug**.
3. Ziehen Sie um das mittlere Eis einen Auswahlrahmen.

Position des Auswahlrahmens verschieben
Zum Verschieben muss der Modus „Neue Auswahl" eingestellt sein.

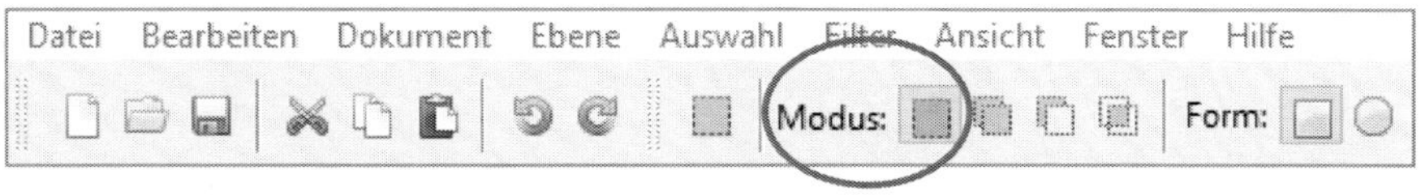

Halten Sie innerhalb des Auswahlrahmens die linke Maustaste gedrückt und verschieben Sie dabei den Rahmen, sodass er das Eis wie gewünscht umschließt.

Auswahlrahmen aufheben
Eine Auswahl kann per Kontextmenü aufgehoben werden.

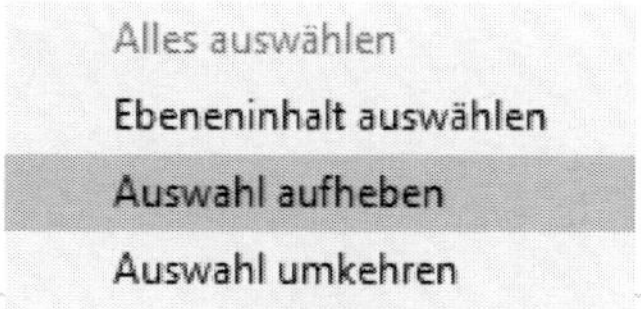

Auswahl über die Zwischenablage montieren

4. Auswahl in die Zwischenablage kopieren: [Strg] + [C]
5. Zum Bild **pyramide** wechseln

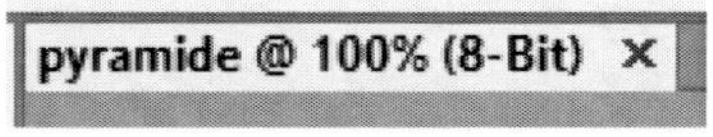

6. Auswahl in das Bild **pyramide** einfügen: [Strg] + [V]
7. Ebene per Doppelklick umbenennen

Größe und Position der Ebenen des montierten Elements anpassen

8. Wählen Sie ggf. die Ebene in der Ebenenpalette aus. **Benennen** Sie die Ebene per **Doppelklick**.
9. Wählen Sie die Funktion:
   Menü: Ebene → Frei transformieren bzw. [Strg] + [T]

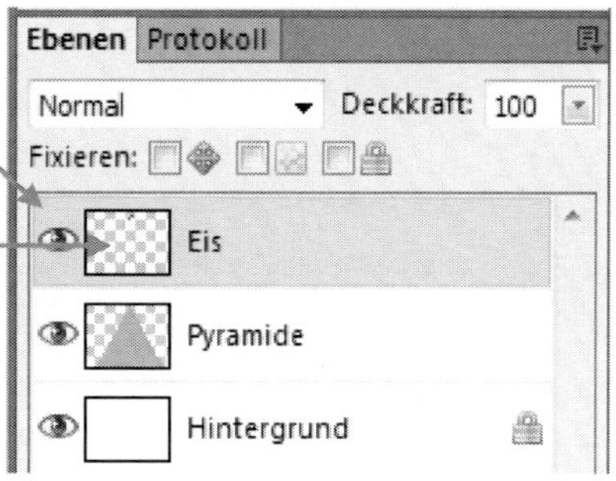

Ebenen-Palette

10. Passen Sie, wie im Folgenden gezeigt, Größe, Drehung und Position der Ebene an und tragen Sie unter die Kästchen ein, welchen Vorgang die jeweilige Abbildung zeigt.

Hinweis:
Falls der Auswahlrahmen nicht sichtbar ist, brechen Sie ab (s. u.) und zoomen Sie vor dem Transformieren auf ein kleines Bild (Mausrädchen).

11. Schließen Sie den Vorgang durch Anwenden oder Verwerfen der Änderungen ab.

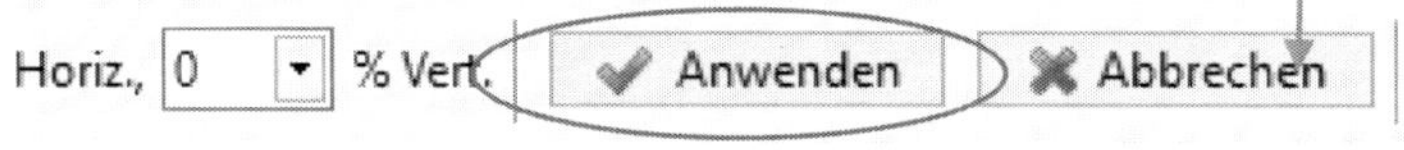

4.3.3 Freihandwerkzeug bzw. Lassoauswahl und Ebenenanordnung und Verschieben-Werkzeug

Freihandlasso und Polygonlasso

Das **Freihandlasso** dient dem Auswählen von frei zeichenbaren Formen.
Das Auswählen erfolgt bei gedrückter linker Maustaste.

Das **Polygonlasso** erlaubt das Auswählen von geraden Linienzügen. Bei jedem Klick wird dem Polygon eine Ecke hinzugefügt. Das Beenden erfolgt per [Esc]-Taste.

Aufgabe 26:
Erweitern Sie mit dem Freihandlasso **pyramide.awd** um einen Salatausschnitt.

1. Öffnen Sie die Dateien **pyramide.awd**, **kopfsalat.jpg.**
2. Wählen Sie das Lassowerkzeug aus und stellen Sie ggf. den Freihand-Modus ein.

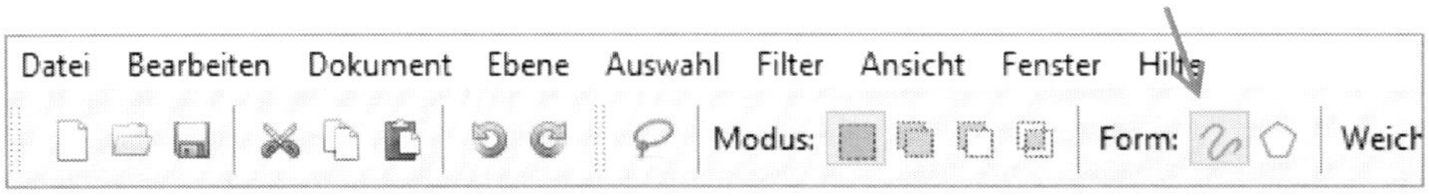

3. Wählen Sie im Salatbild einen Ausschnitt wie abgebildet.
4. Fügen Sie die den Ausschnitt des Salats in das Pyramidenbild ein.
5. Wählen Sie das Verschieben-Werkzeug und positionieren Sie diesen Ausschnitt.
6. Nennen Sie die Ebene *Salat*.
7. Speichern Sie **pyramide.awd**.

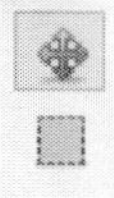

Aufgabe 27:

Erweitern Sie mit dem Polygonlasso **pyramide.awd** um eine Möhre.

1. Öffnen Sie die Dateien **pyramide.awd**, **moehren.jpg.**
2. Wechseln Sie zum Möhrenbild: Menü: Fenster → moehren.jpg.
3. Wechseln Sie zum Polygon-Lasso.

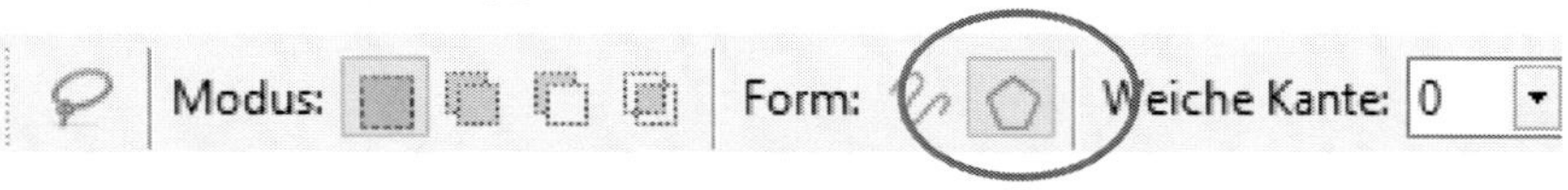

4. Klicken Sie auf den Rand der zu markierenden Möhre.
5. Bewegen Sie den Mauszeiger zur nächsten „Ecke" Ihrer Auswahl und klicken Sie erneut. In der Abbildung ist jeder Klick durch einen Punkt dargestellt.
6. Beenden Sie das Auswählen per [Esc]-Taste oder durch Anklicken der Anfangsposition.
   Hinweis: Beim Beenden mit [Esc] wird automatisch eine Linie bis zum Anfangspunkt gezeichnet.
7. Fügen Sie den Ausschnitt über die Zwischenablage in das Pyramidenbild ein.
8. Benennen Sie die Ebene *Möhre*.
9. Passen Sie die Größe der Ebene an: Frei transformieren: [Strg] + [T].

4.3.4 Ebenen auswählen, kopieren und übereinander anordnen

Aufgabe 28:

Erweitern Sie **pyramide.awd** um weitere Möhren, indem Sie zwei Kopien der Möhren-Ebene erstellen und diese so anordnen, wie unten gezeigt wird.

1. Kopieren Sie die Möhren-Ebene zwei Mal: Kontextmenü der Möhren-Ebene in der Ebenen-Palette → Ebene duplizieren.

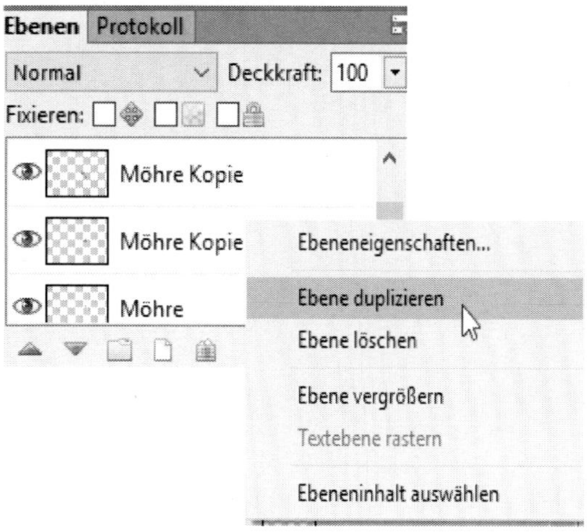

2. Erstellen Sie die abgebildete Montage.

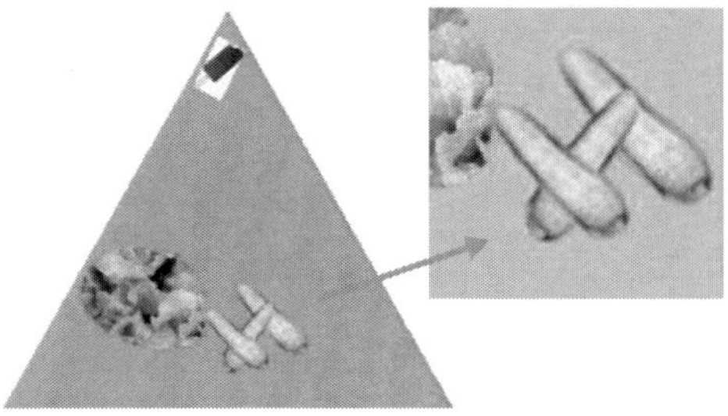

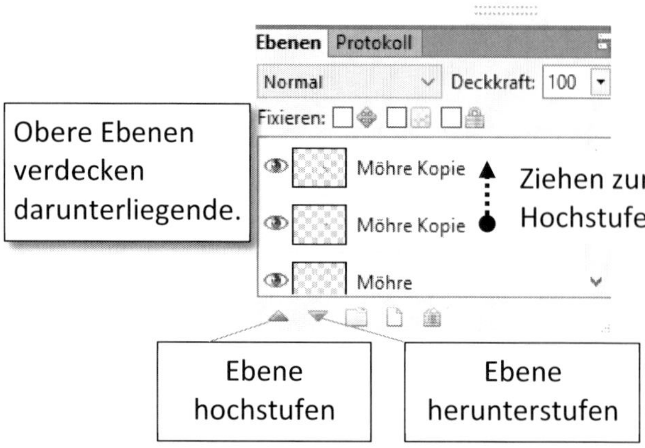

Aufgabe 29:

Beim Speichern erscheint unten gezeigte Meldung.
Welchen Dateityp sollte der Benutzer wählen, um das Bild später optimal nachbearbeiten zu können? Begründen Sie.

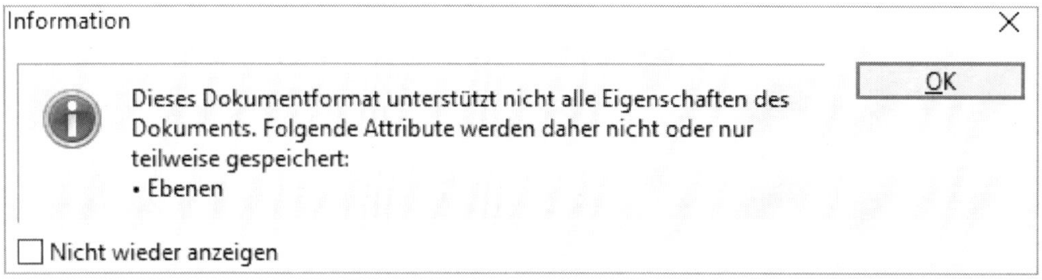

4.3.5 Übungen zur Form- und Freihandauswahl

Aufgabe 30:

Erweitern Sie **pyramide.awd** um Eier und Butter.

eier.jpg

butter.jpg

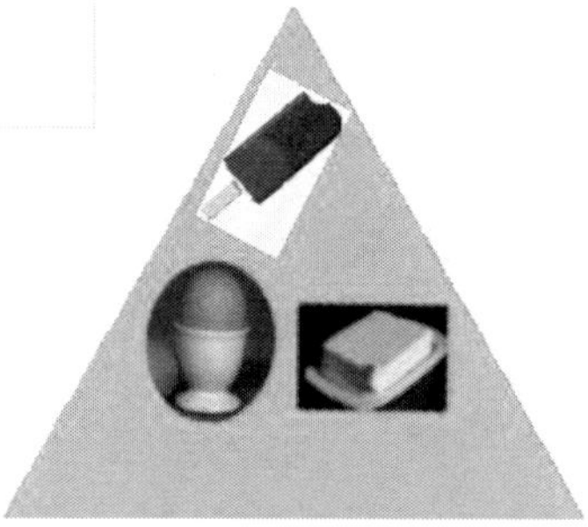

Hinweis: Das ganze **Butter-Bild** wird in die Pyramide übernommen. Sie markieren das Butter-Bild über [Strg]+[A] und kopieren es über die Zwischenablage auf die Ernährungspyramide.

4.3.6 Farbauswahl mittels Zauberstab

Das Farbauswahlwerkzeug bzw. der Zauberstab

dient dem Auswählen von Bereichen ähnlicher Farbe. Der angeklickte Pixel (Startpixel) legt dabei eine Farbe fest. Jeder Pixel, der innerhalb der eingestellten Toleranz liegt, wird ausgewählt.

Toleranz 13, benachbart ein

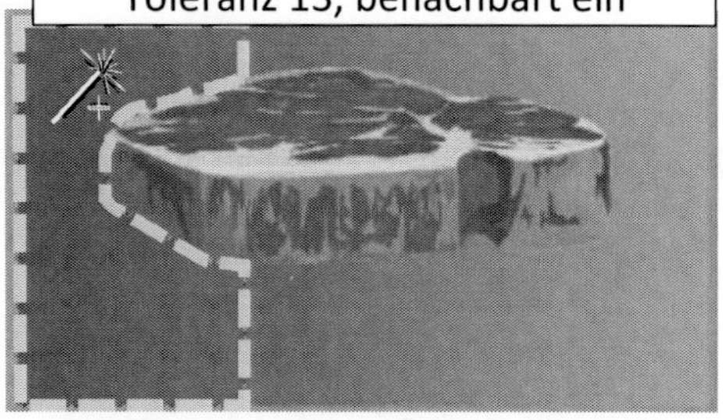

Toleranz 13, benachbart aus

Ist die Option „Benachbart" nicht aktiviert, wird die angeklickte Farbe im gesamten Bild markiert. Grenzlinien werden nicht berücksichtigt.

Voreingestellt ist der Modus „Neue Auswahl". Um Auswahlbereiche hinzuzufügen, muss der Modus „Auswahl hinzufügen" gewählt werden.

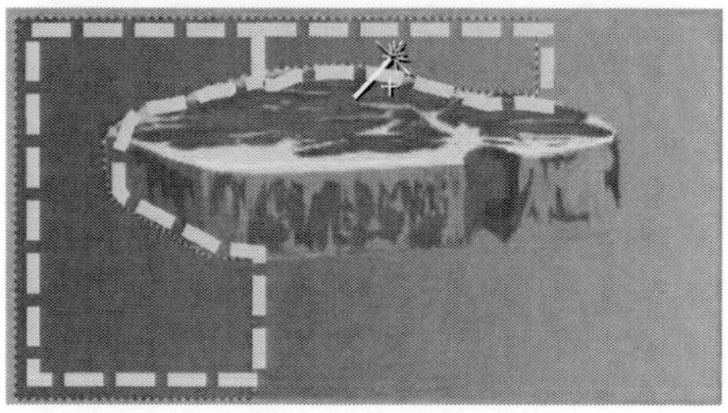

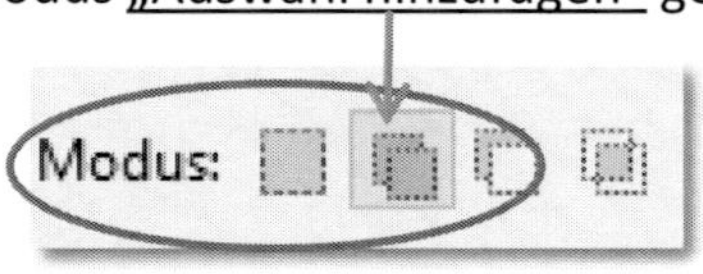

Auswahlumkehr

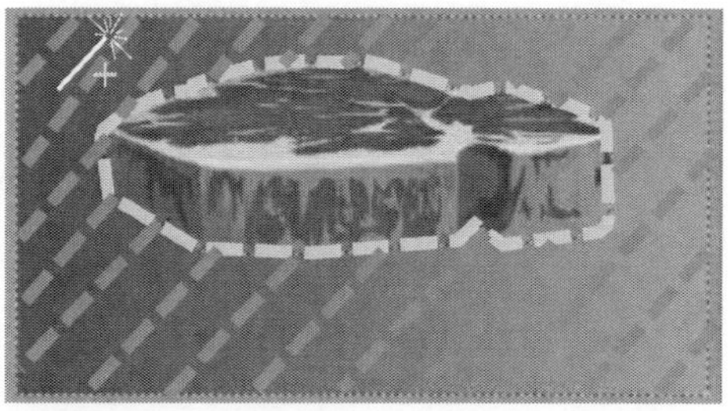

Häufig ist es mit dem Zauberstab einfacher, den Hintergrund auszuwählen.

Über die Auswahlumkehr lässt sich somit sehr schnell auch ein verschiedenfarbiges Objekt auswählen.
Menü: Auswahl → Auswahl umkehren

Aufgabe 31:
Erweitern Sie die Ernährungspyramide um den Schwenkbraten nach der Anleitung.

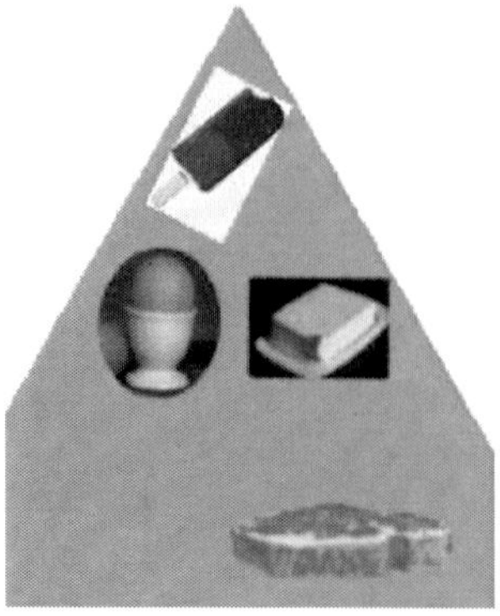

Öffnen Sie die Dateien **pyramide.awd** und **schwenker.jpg**.

1. Wählen Sie das Zauberstab-Werkzeug aus.
2. Stellen Sie ein, dass Auswahlbereiche hinzugefügt werden.
3. Stellen Sie ein, dass vom angeklickten Pixel (Startpixel) ausgehend nur benachbarte Pixel ausgewählt werden.

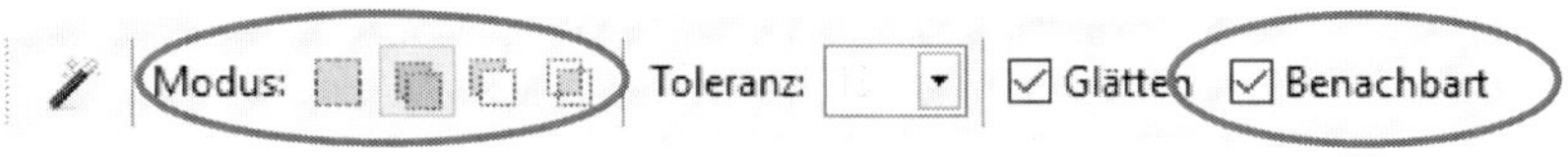

4. Stellen Sie die Toleranz zu Beginn auf 50.
5. Klicken Sie in den Hintergrundbereich des Schwenkbratens.
6. Wird zu viel ausgewählt:
   - dann machen Sie die letzte Auswahl rückgängig: [Strg]+[Z] und versuchen Sie es mit Toleranz 25 erneut;
   - falls immer noch zu viel ausgewählt wird, versuchen Sie es mit Toleranz 13 wieder.
7. Wiederholen Sie das Klicken mit dem Zauberstab an verschiedenen Stellen so oft, bis der gesamte Hintergrund ausgewählt ist.

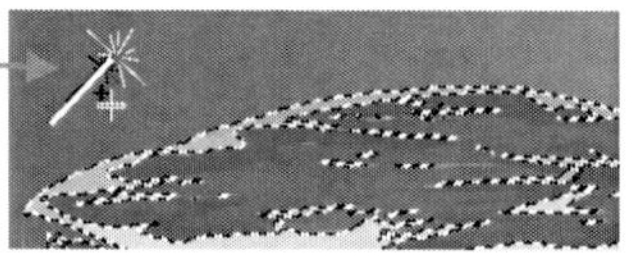

8. Kehren Sie die Auswahl um.
9. Kopieren Sie die Auswahl in die Zwischenablage: [Strg] + [C]
10. Wechseln Sie zum Pyramidenbild.
11. Fügen Sie das ausgewählte Steak ein: [Strg] + [V]
12. Passen Sie mittels freiem Transformieren [Strg] + [T] und dem Verschieben-Werkzeug die Größe und Position so wie oben abgebildet an.

Aufgabe 32:

Erweitern Sie die Ernährungspyramide um das abgebildete Fleisch.

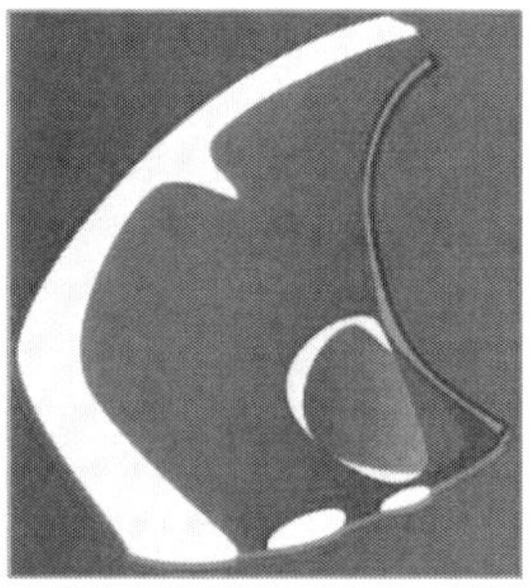

fleisch.png

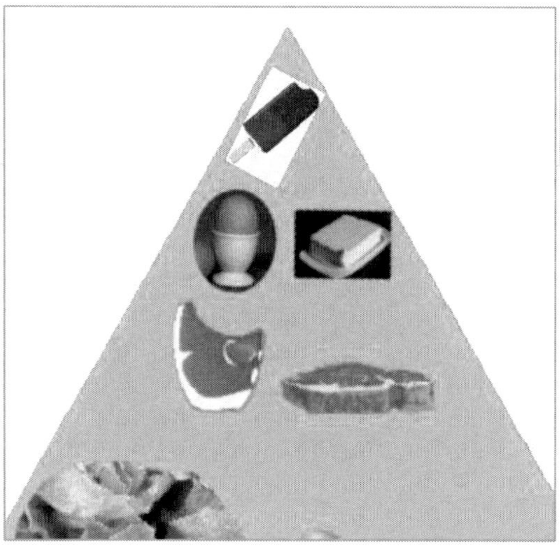

4.4 Digitale Farben

Das RGB - Schema

Aus den **Grundfarben** des Lichts Rot, Grün und Blau kann man alle anderen Farben mischen. D. h. durch Angabe je eines Zahlenwertes zwischen 0 und 255 für die drei Farbkanäle Rot, Grün und Blau lässt sich jede Farbe beschreiben.

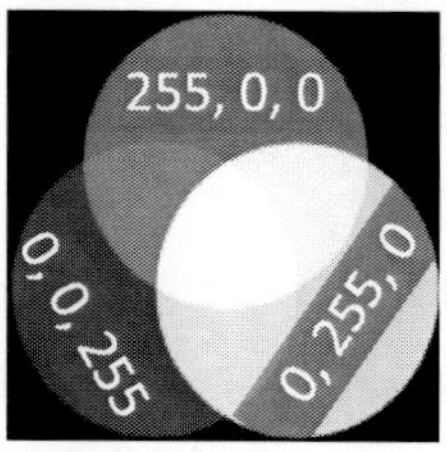

Rot-Grün-Blau-Werte der Grundfarben

Aufgabe 33:

Ermitteln Sie mit Hilfe des Vordergrundfarbe-Dialogs in Artweaver den RGB-Code folgender Farben und tragen Sie ihn ein.

Farbe	RGB-Code	Farbe	RGB-Code
Weiß		Türkis	
Schwarz		Rot	
Gelb		Pink	

Das HSB oder HSV-Modell

HSB steht für Hue, Saturation und Brightness, d. h. jede Farbe wird durch die Kombination von Zahlenwerten für Farbton, Sättigung und Helligkeit angegeben.
Der Farbton gibt die Grundfarbe als Winkel im Farbkreis an.
Die Sättigung, Werte zwischen 0 und 100, bestimmt die Reinheit eines Farbtons (Grauwertanteile).
Die Helligkeit, Werte zwischen 0 und 100, entspricht dem Weißanteil einer Farbe. Ein Weißanteil von 0 führt immer zur Farbe Schwarz.

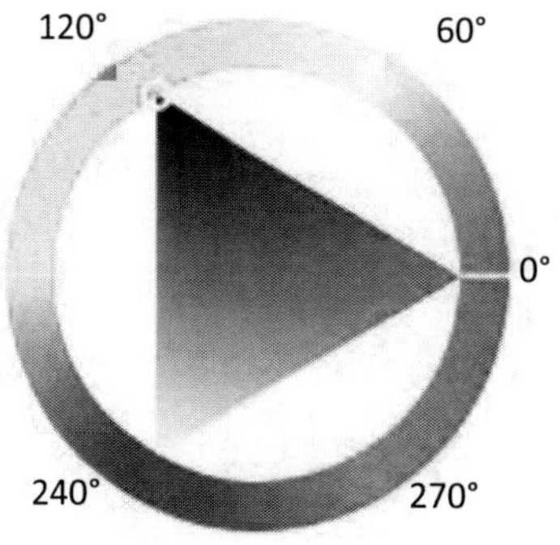

Aufgabe 34:

Welche Farben sind hier codiert?

Farbton **H**ue	Sättigung **S**aturation	Helligkeit(swert) **B**rightness/**V**alue	Beschreibung der Farbe
0	100	100	
0	0	100	
0	100	0	
0	0	50	
240	50	50	

4.5 Textwerkzeug

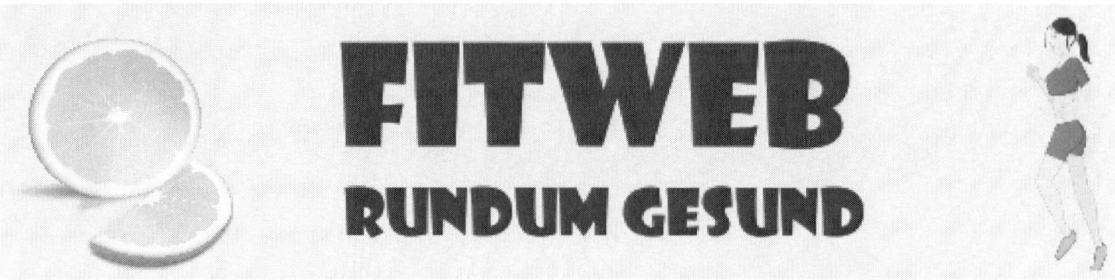

Aufgabe 35:

Erstellen Sie das abgebildete Logo gemäß folgender Anleitung. Dabei soll Folgendes berücksichtigt sein:

- Die Größe des Logos beträgt in Pixel: 568 x 138 in 72 dpi Auflösung.
- Der Hintergrund soll genau die RGB-Farbe 157, 249, 37 haben.
- Der Schriftzug soll die HSL-Farbe 249, 78, 51 besitzen.
- Die Schriftart soll Showcard Gothic in den Größen 69 und 32 sein.
- Montiert werden Elemente der Bilddateien **joggerin.png** und **orangen.png**.

1. Menü: Datei → Neu, **Name**: logo_fitweb, **Breite**, **Höhe**, **Auflösung**: und **Papierfarbe** siehe oben.

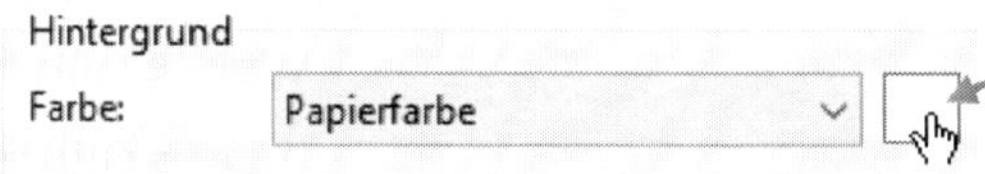

2. Wählen Sie die Orangen und die Joggerin geeignet aus und montieren Sie diese wie dargestellt.
3. Wählen Sie das Textwerkzeug.

4. Stellen Sie Schriftart, -größe und Farbe ein.

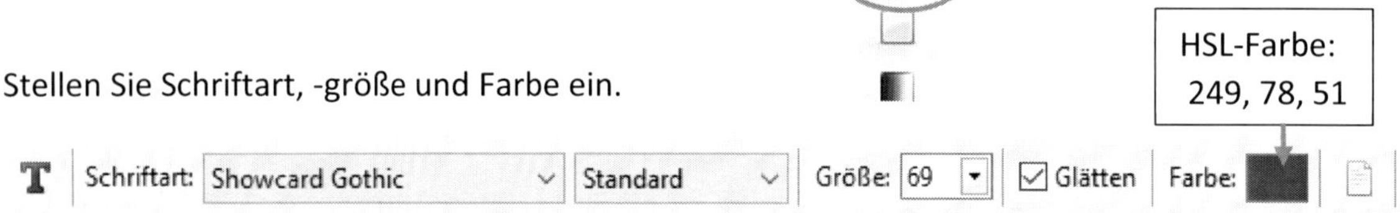

5. Schreiben Sie den Text „Fitweb“ und schließen Sie den Vorgang über **Anwenden** ab.

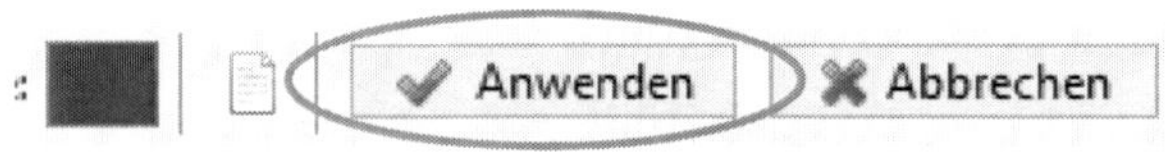

6. Verschieben Sie den Text mittels Verschieben-Werkzeug wie abgebildet.
7. Verfahren Sie mit dem Text „Rundum Gesund“ analog.

4.6 Umfärben

Umfärben

Zum Umfärben eines gesamten Bildes oder einer ausgewählten Ebene gibt es die Möglichkeiten der **Farbpalettenverschiebung.** Dabei werden im markierten Bereich alle Farbtöne auf einmal einem anderen Farbton zugewiesen.

Menü: Dokument → Einstellen → Farbton/Sättigung

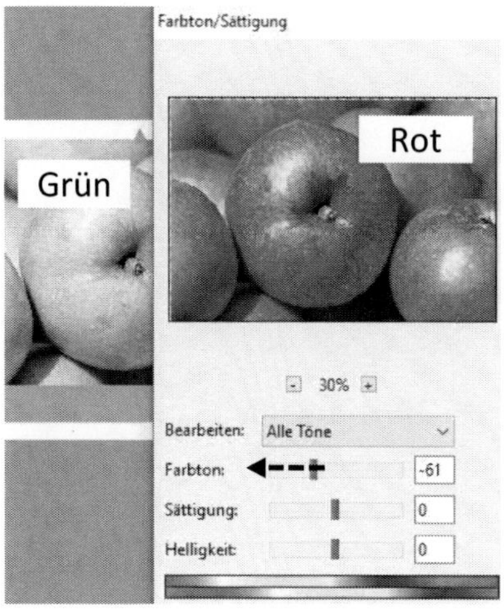

Aufgabe 36:

Erweitern Sie gemäß folgender Anleitung die Ernährungspyramide.

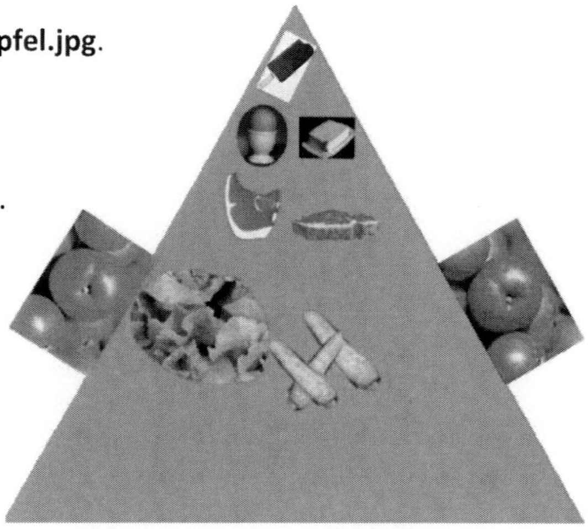

1. Öffnen Sie die beiden Bilder **pyramide.awd** und **aepfel.jpg**.

2. Wählen Sie das gesamte Apfel-Bild aus: [Strg]+[A].
3. Kopieren Sie es in die Zwischenablage: [Strg]+[C].
4. Fügen Sie das grüne Apfelbild in das Pyramidenbild.
5. Verkleinern Sie das Apfelbild entsprechend, drehen und positionieren Sie es wie abgebildet auf der linken Pyramidenseite.
6. Nennen Sie die Ebene „Apfel grün".

7. Duplizieren Sie die Ebene mit dem grünen Apfel: Ebenenpalette: Kontextmenü der grünen Apfelebene → Ebene duplizieren
8. Nennen Sie die Ebene „Apfel rot".
9. Drehen und verschieben Sie die Ebene auf die rechte Seite.
10. Färben Sie die Äpfel rot.
    Menü: Dokument → Einstellen → Farbton/Sättigung

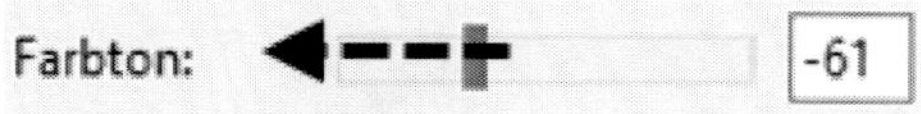

Aufgabe 37:

Erweitern Sie die Ernährungspyramide um eine gelbe, rote und grüne Paprika. Verwenden Sie dazu lediglich die Datei: **paprika_gelb.jpg**.

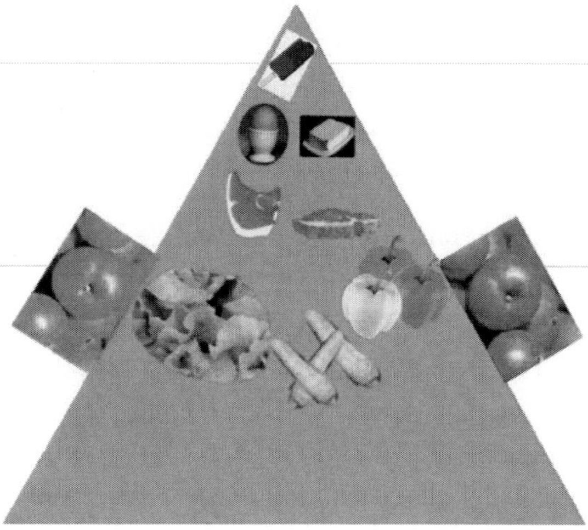

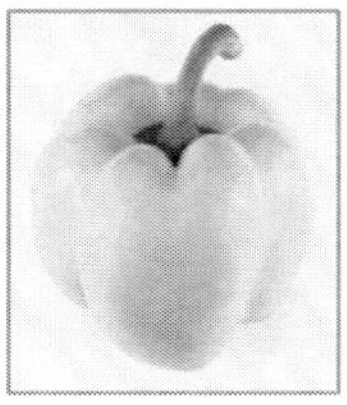

Aufgabe 38:

Erweitern Sie die Ernährungspyramide um die abgebildeten Elemente.

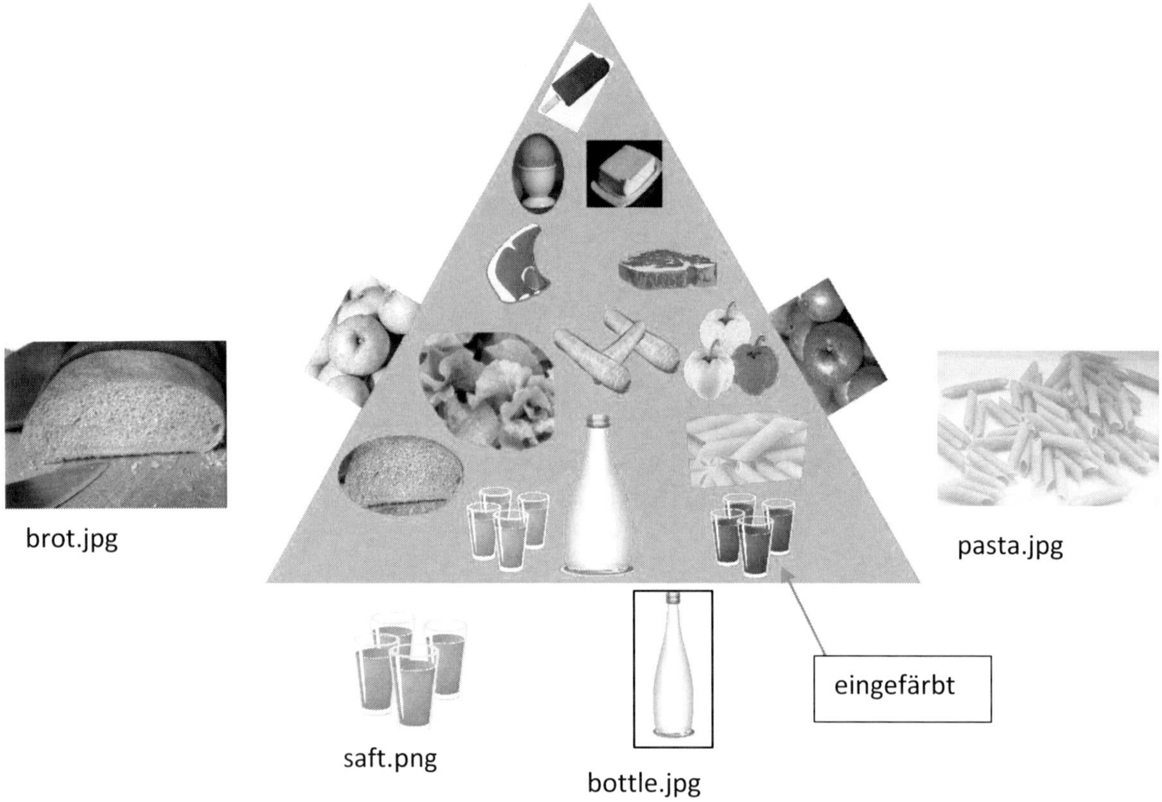

4.7 Bildtransparenz

Transparenz

Die Dateiformate GIF und PNG (32 Bit) ermöglichen transparente Bildbereiche.

schwarzer Hintergrund

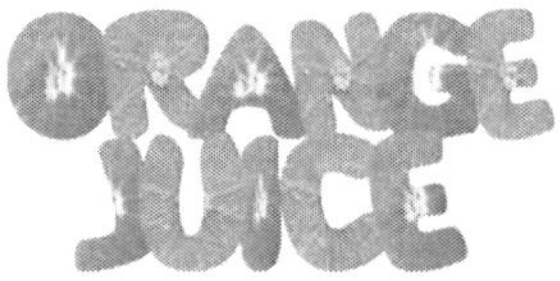

transparenter Hintergrund

Aufgabe 39:

Speichern Sie das Bild **orange_juice.jpg** mit transparentem Hintergrund und testen Sie die Transparenz. Verfahren Sie wie folgt.

1. Öffnen Sie in Artweaver das Bild **orange_juice.jpg**.
2. Duplizieren Sie die Hintergrundebene.
3. Schalten Sie die Ebene „Hintergrund" auf nicht sichtbar.

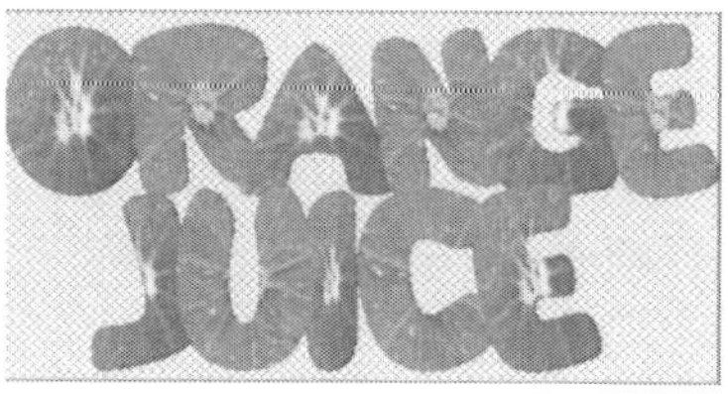

4. Wählen Sie mit dem Zauberstab den schwarzen Hintergrund aus.
5. Löschen Sie den Hintergrund mittels [Entf]-Taste.
6. Menü: Speichern unter → Dateityp: PNG mit 32-Bit-pro Pixel.

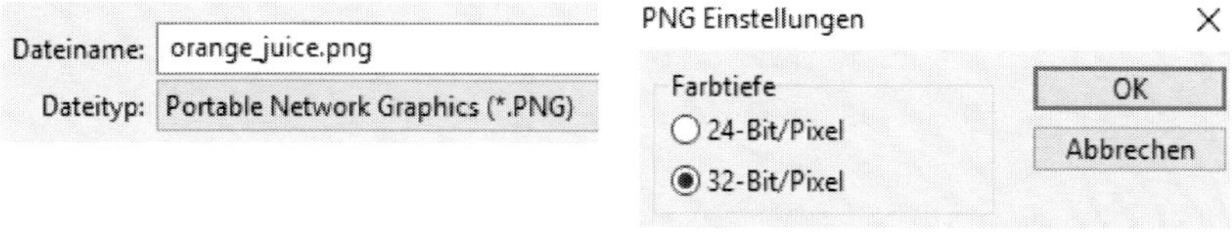

7. Öffnen Sie das **orange_juice.png**: Man sieht <u>eine</u> Ebene mit kariert dargestellt transparenten Bereichen.

Aufgabe 40:

Speichern Sie die Ernährungspyramide mit transparentem Hintergrund. Gehen Sie wie im Folgenden beschrieben vor.

1. Öffnen Sie **pyramide.awd**.
2. Schalten Sie den Hintergrund (die unterste Ebene) unsichtbar.
3. Speichern Sie das Bild im PNG-Format.

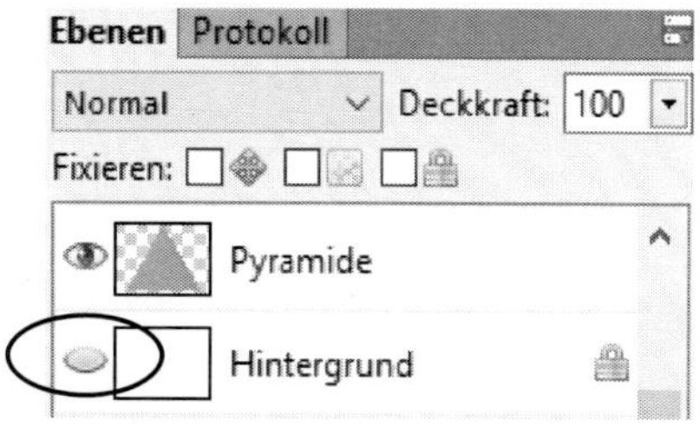

4. Erstellen Sie eine PowerPoint-Folie mit rotem Hintergrund.
5. Fügen Sie das Bild **pyramide.png** ein.

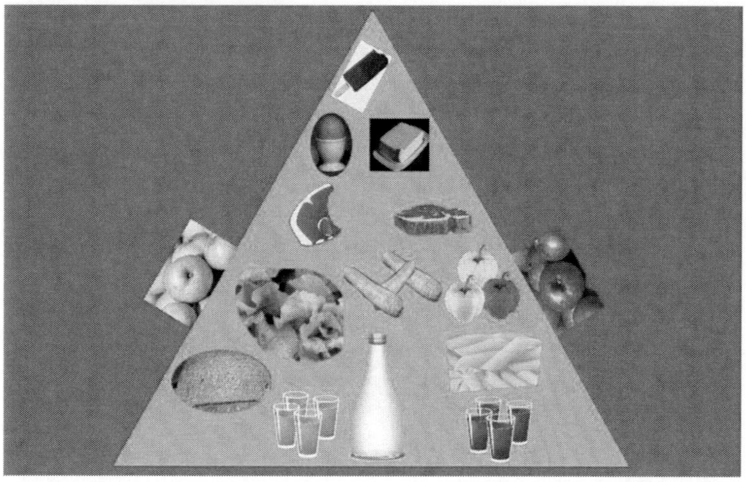

5 Webauftritt mit einem Content-Management-System (CMS)

5.1 Akteure und Komponenten eines Internetauftritts

Aufgabe 41:

Füllen Sie die freien Felder mit folgenden Begriffen aus:

Browser, Client-PC, Datenbank, http-Anfrage, Internet, http-Antwort, PHP-Modul , Webserver

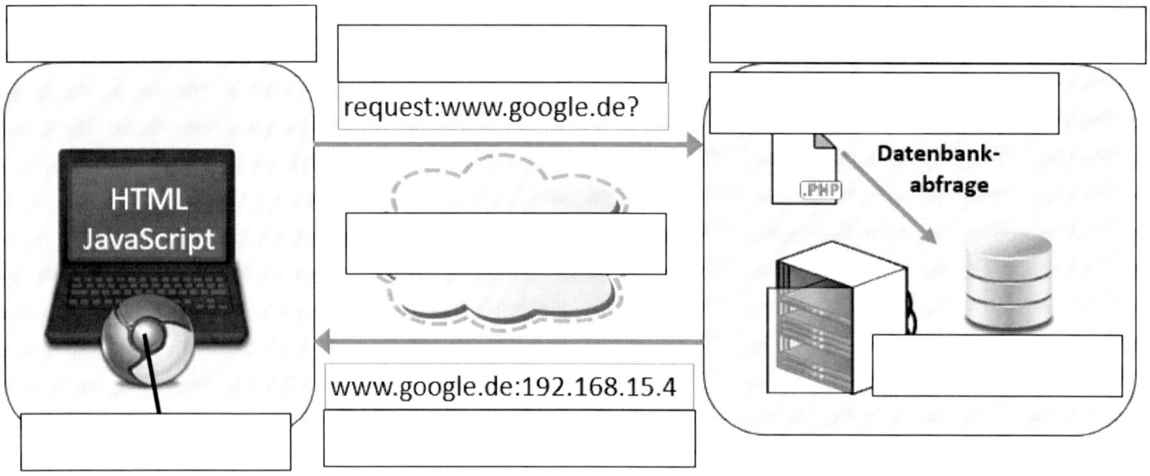

5.2 Web-Server lokal installieren

Aufgabe 42:

Installieren Sie den lokalen USB-Webserver nach der folgenden Anleitung.

1. Laden Sie den USB-Webserver herunter.
2. Entpacken Sie die Dateien.

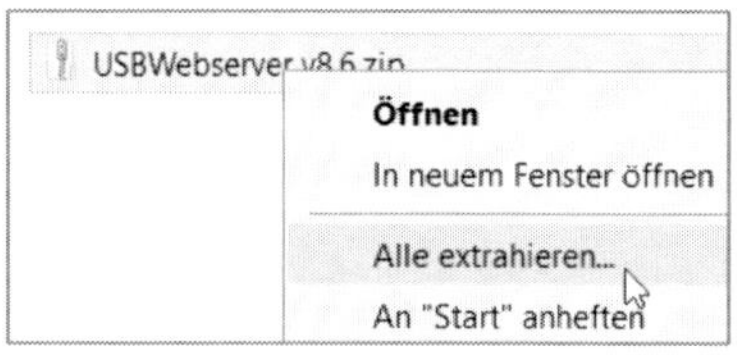

3. Kopieren Sie die entpackten Dateien auf einen USB-Stick oder ein Laufwerk Ihrer Wahl.

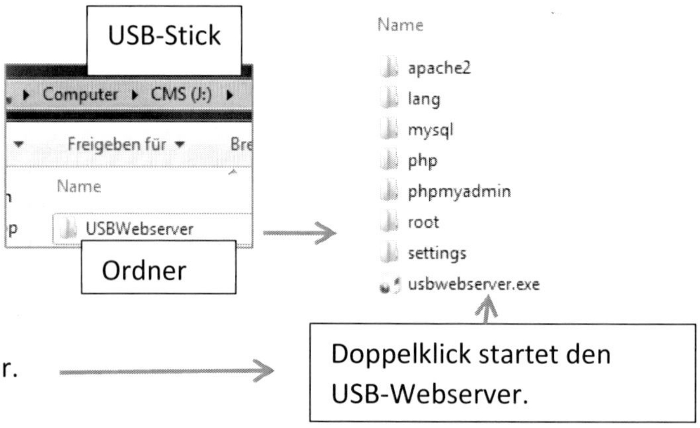

4. Starten Sie den USB-Webserver.
5. Lassen Sie bei Sicherheitsanfragen der Windows-Firewall Zugriffe zu.

6. Nehmen Sie die abgebildete Einstellung vor.

Im Ordner **root** befinden sich die Dateien des Webauftritts.

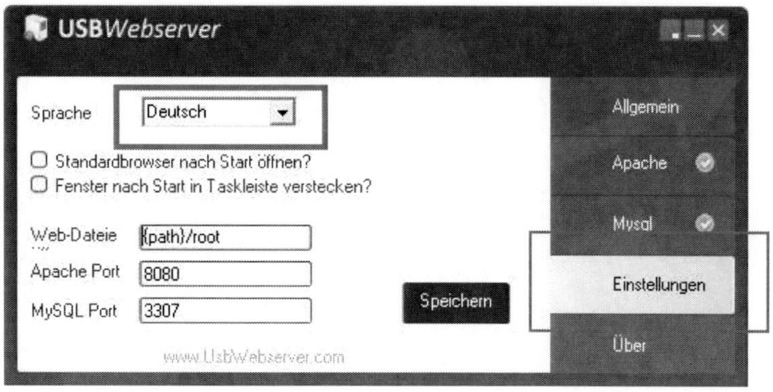

7. Öffnen Sie den Ordner root des Webservers.

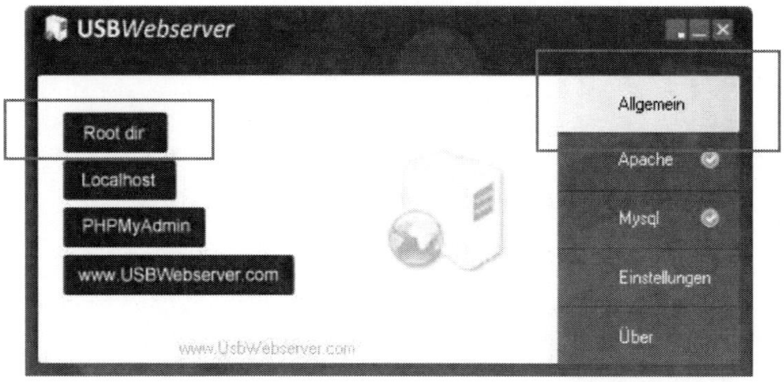

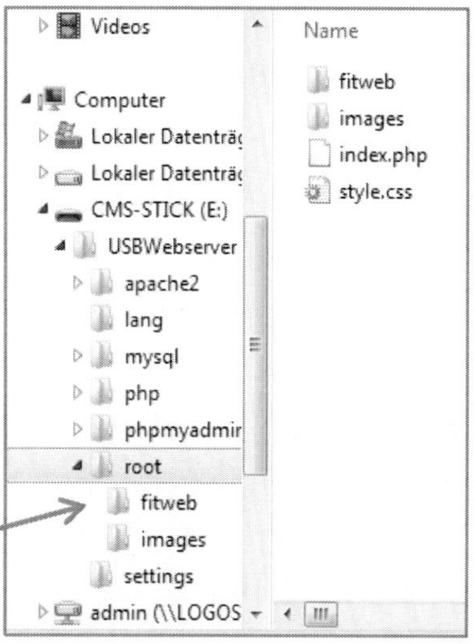

8. Erstellen Sie im Ordner **root** einen Ordner **fitweb** (Kleinbuchstaben).

5.3 SQL-Datenbank anlegen

Aufgabe 43:
Legen Sie eine SQL-Datenbank an, in der der Webauftritt gespeichert wird. .

1. Starten Sie den USBWebserver.

2. Rufen Sie die abgebildete Adresse im Browser auf.

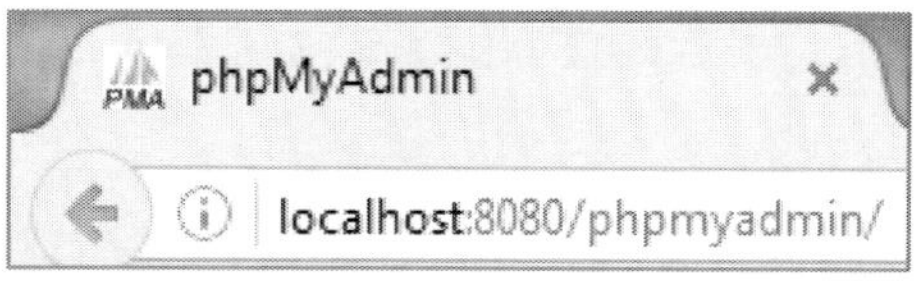

3. Melden Sie sich als **root** am Datenbankverwaltungsprogramm des USBWebservers an.

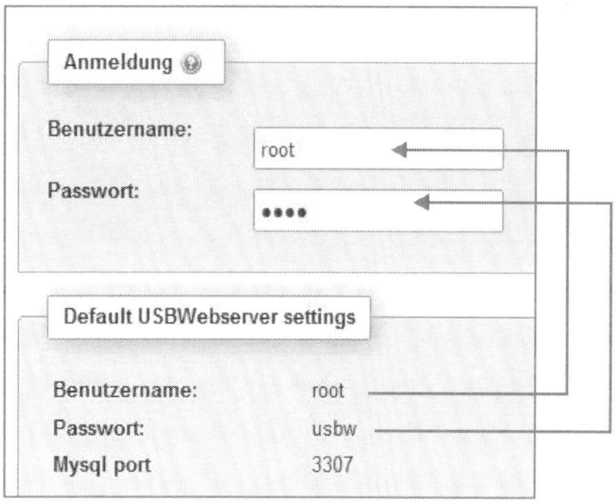

4. Legen Sie eine neue Datenbank mit dem Namen **db_fitweb** an.

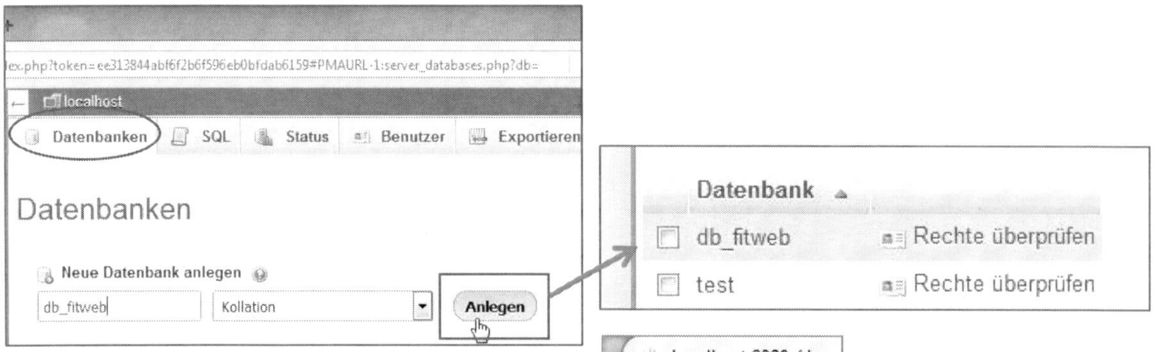

5. Melden Sie sich vom Datenbankverwaltungsprogramm php/MyAdmin ab.

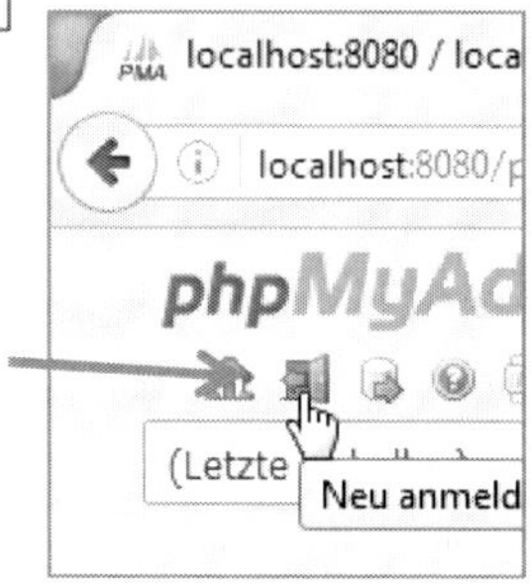

5.4 cms2day „hochladen“

Aufgabe 44:
Kopieren Sie die entpackten Dateien des **CMS cms2day** auf den Webserver. .

1. Laden Sie das gepackte CMS-System von der Webseite des Anbieters.

Klicken Sie auf den Download-Link, lesen Sie die Lizenzbestimmungen aufmerksam und bestätigen Sie diese.

2. Entpacken Sie die Dateien.

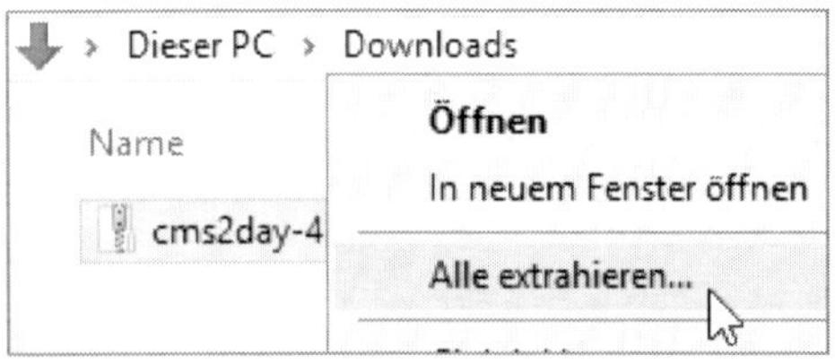

3. Erstellen Sie im root-Verzeichnis des Webservers den Ordner **fitweb**.
4. Kopieren Sie die abgebildeten (entpackten) Dateien in den Ordner **USBWebserver/root/fitweb.**

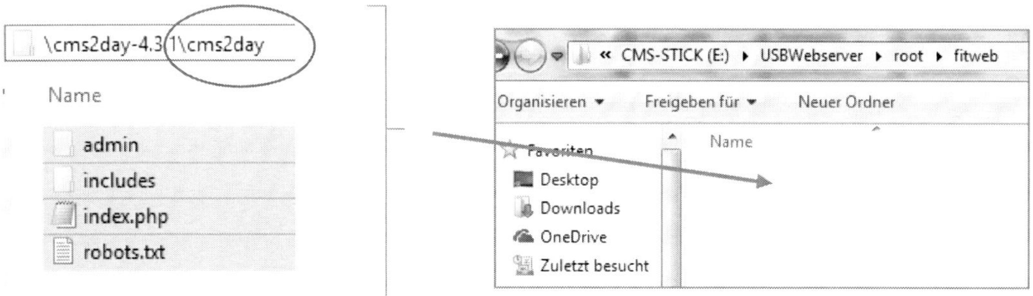

Quelldateien

Zielordner auf dem Webserver

CMS auf „localhost" starten

Auf dem lokal installierten USBWebserver werden die Websites, die im Ordner root gespeichert sind, wie folgt aufgerufen:

1. Starten des Webservers
2. Eingabe der Adresse http://localhost:8080/Webordnername im Browser

„localhost" ist die Adresse des lokalen Webservers, der hier am Port 8080 lauscht. Bildlich gesprochen nimmt das Haus „localhost" nur über die Tür mit der Nummer „8080" Pakete entgegen.

5.5 Installation des CMS **cms2day**

Aufgabe 45:
Führen Sie die Installationsroutine von **cms2day** durch.

1. Starten Sie den USB-Webserver.
2. Starten Sie den Browser und geben Sie die abgebildete Adresse ein.

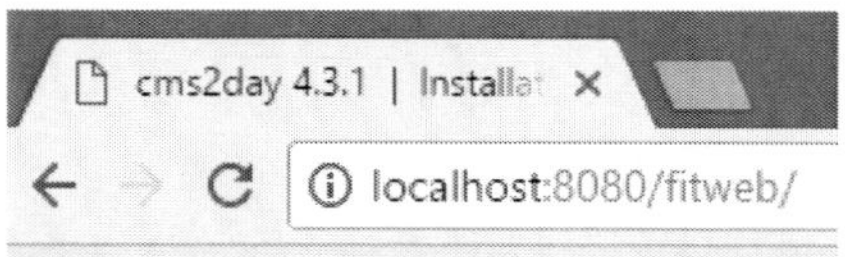

3. Geben Sie die erforderlichen Daten wie abgebildet ein.

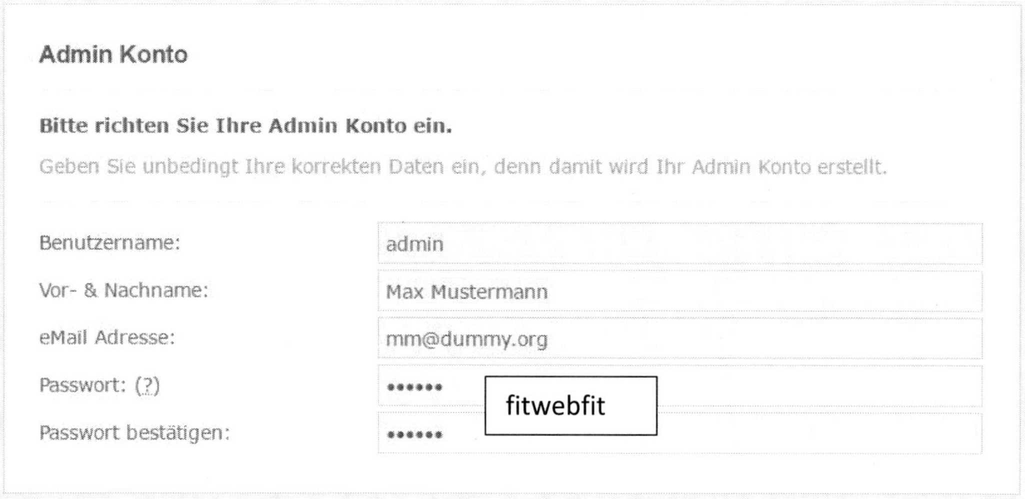

Bei Webauftritten im Internet sollten Sie ein sicheres Passwort verwenden.

4. Akzeptieren Sie die Lizenzvereinbarung und starten Sie die Installation.

5.6 Templates und grundlegende Seiteneinstellungen

Templates von CMSystemen sind Gestaltungsvorlagen für die Webseiten des Auftritts, man kann auch von Musterseiten sprechen. Werden Inhalte wie z. B. Überschriften auf einer Webseite eingefügt, werden sie nach einem bestimmten Muster, welches das Template vorgibt, formatiert.

Auf der Website von **cms2day** können Templates heruntergeladen werden.

Aufgabe 46:

Laden Sie das Template **Green** von der cms2day-Website und installieren Sie es.

1. Klicken Sie auf Download und akzeptieren Sie die Lizenzvereinbarung.

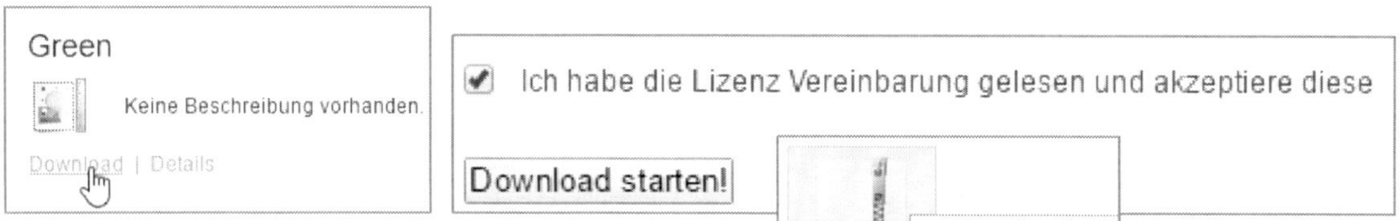

2. Entpacken Sie den ZIP-Ordner.

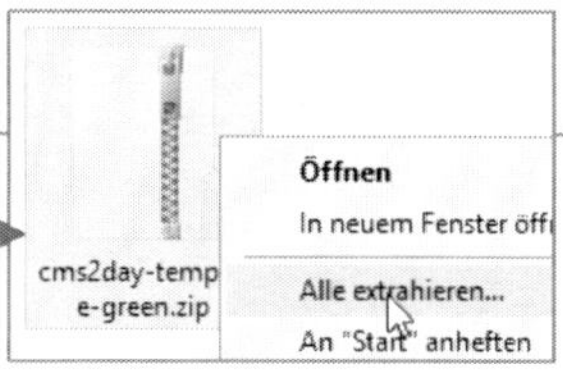

3. Kopieren Sie den entpackten Ordner **green** in das Template-Verzeichnis.

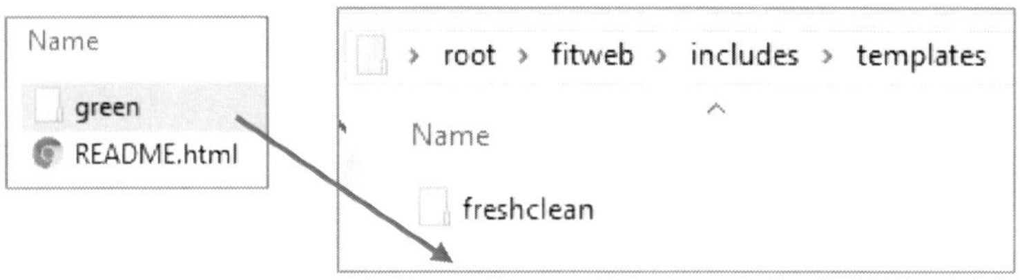

4. Starten Sie den fitweb-Auftritt auf dem Webserver und wechseln Sie ins Backend.

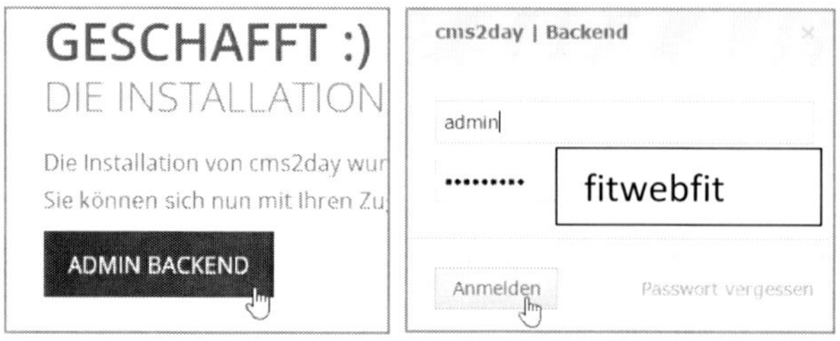

5. Wählen Sie im Menü Einstellungen den Menüpunkt Templates.

6. Installieren Sie das Template **Green**.

7. Setzen Sie Template Green als Standard.

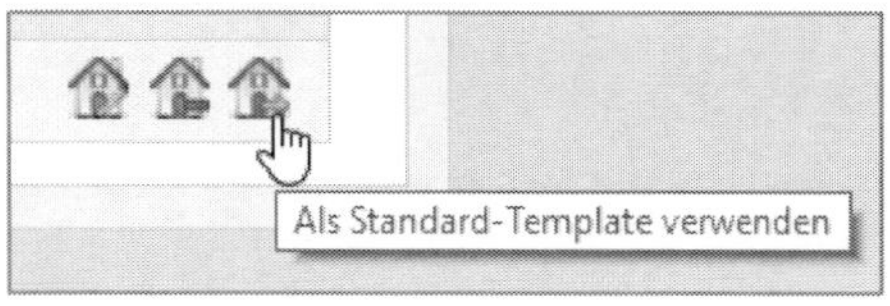

8. Wechseln Sie zurück in Backend und wählen Sie im Menü Einstellungen den Menüpunkt Templates.

9. Laden Sie die Bilddatei **logo_fitweb.png** als Logo der Webseite hoch.

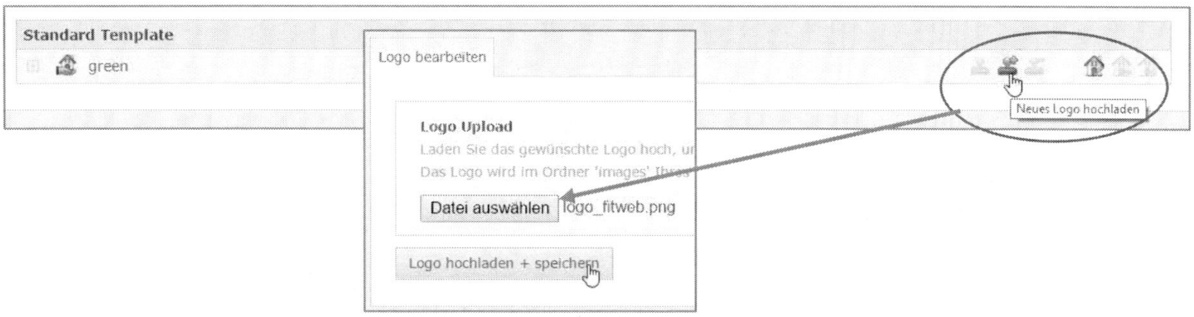

10. Testen Sie das neue Layout in der Frontend -Ansicht.

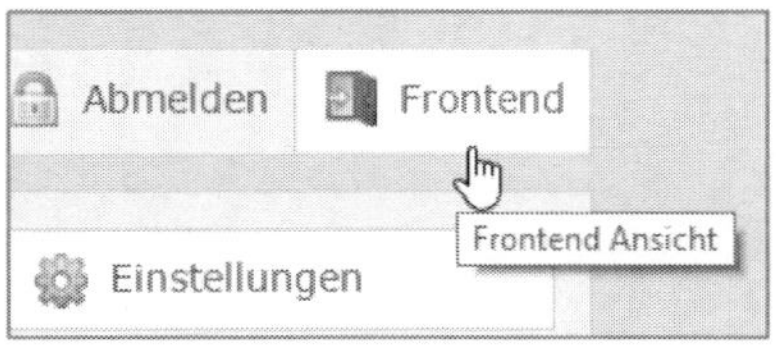

Aufgabe 47:

Legen Sie den Titel der Website fest: Gesund leben.

1. Wechseln Sie ins Backend.

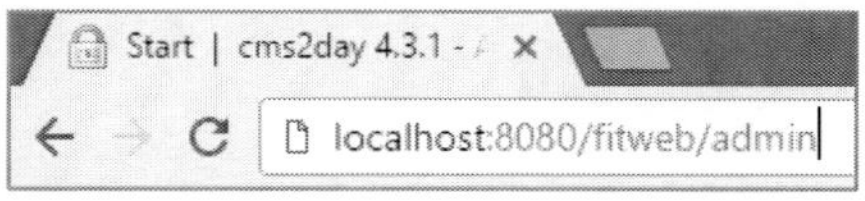

2. Menü: Einstellungen → Konfiguration

Aufgabe 48:
Laden Sie das Template **Excution** von der cms2day-Website und installieren Sie es.

1. Laden Sie den ZIP-Ordner von **cms2day**.
2. Entpacken Sie.
3. Kopieren Sie den Ordner 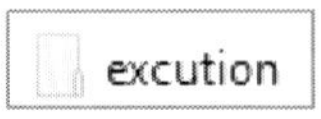

   nach 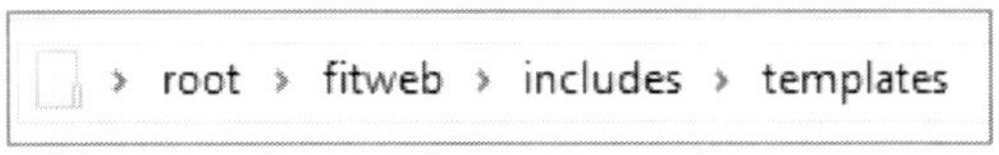

4. Im Backend installieren Sie das Template und legen es als Standard fest.
5. Logo des Templates soll **logo2.png** sein.
6. Testen Sie im Frontend.

Aufgabe 49:
Ergänzen Sie den Lückentext mit den Wörtern der Liste.

"programmiert"	Bilder	Design	erstellt	Passwort	sichtbaren

Frontend und Backend eines CMS

Bei einer Homepage, die mit CMS erstellt wurde, zeigt das **Frontend** alle (1)______________ Inhalte, die beim Aufruf der Website angezeigt werden. Dazu gehören das (2)______________ und die Aufteilung der Webseite sowie Medien wie (3)______________, Texte oder Videos.

Über das **Backend** werden die Webseiten eines CMS (4)______________ und das Layout gestaltet. Alle Inhalte wie Texte oder Bilder, die später im Frontend zu sehen sind, werden im Backend (5)______________ und eingespielt. Zum Aufruf des Backends benötigt man einen Benutzeraccount und ein (6)______________.

5.7 Start-Seite anpassen

Aufgabe 50:
Ändern Sie den Begrüßungstext auf der Seite „Home“ ab.

1. Wechseln Sie zur Administration (zum Backend).
2. Rufen Sie in der Seitenverwaltung das Bearbeiten der Startseite auf.

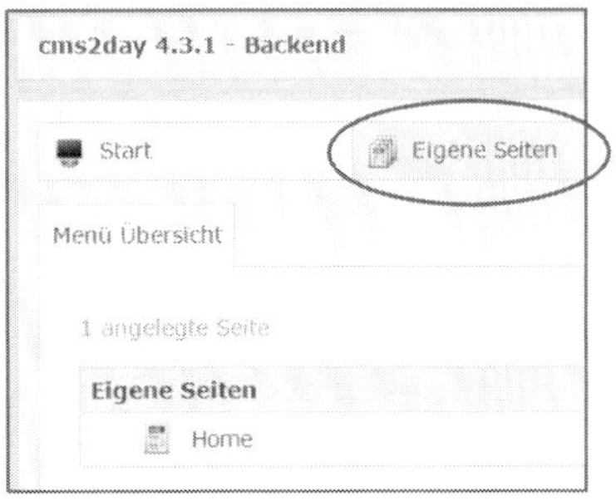

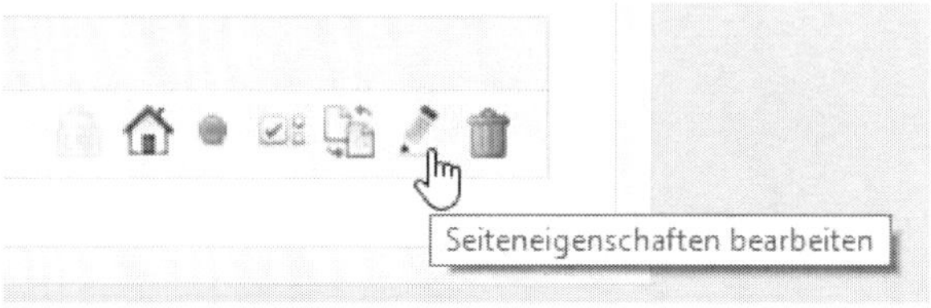

3. Passen Sie die Startseite wie abgebildet an.

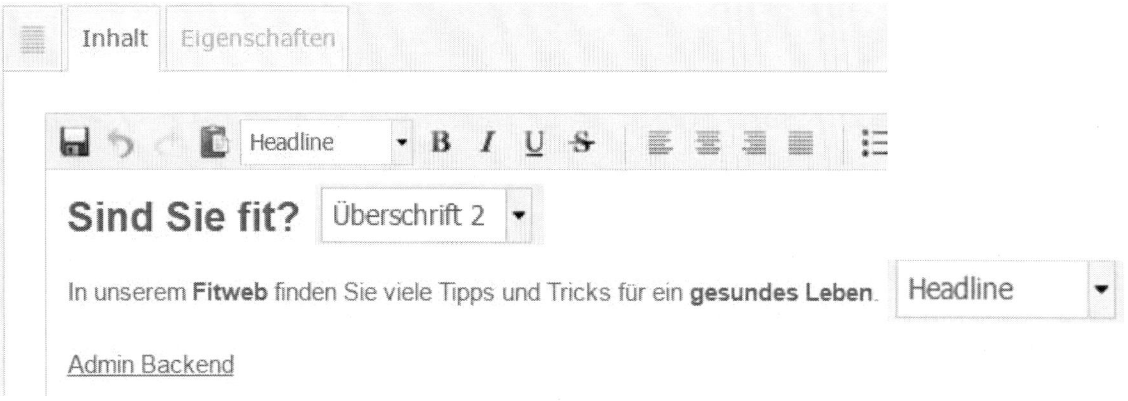

4. Speichern Sie.
5. Wechseln Sie zur Besucheransicht im Frontend.

5.8 Website-Struktur aufbauen

Aufgabe 51:
Erstellen Sie gemäß der abgebildeten Mindmap die Seitenstruktur des Webauftritts.

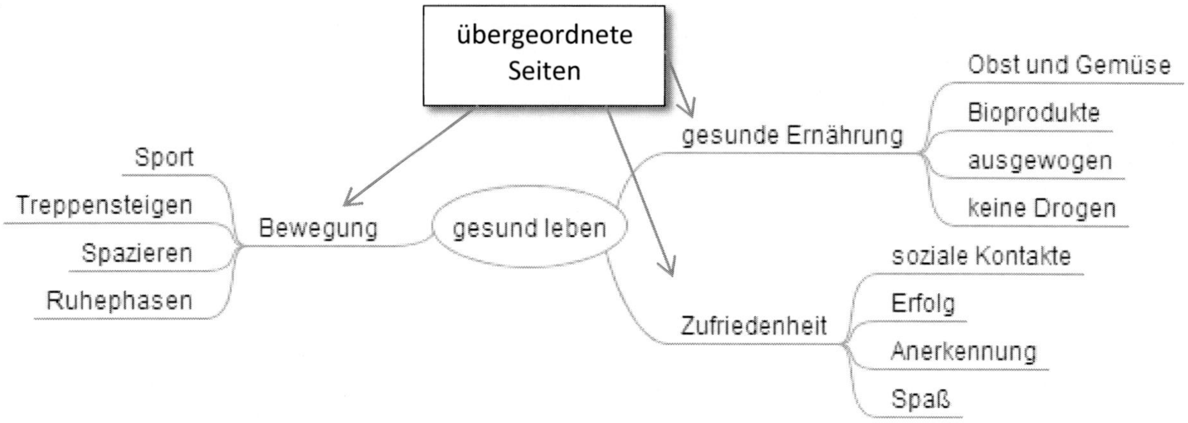

1. Rufen Sie die Seitenverwaltung auf.

2. Erstellen Sie die Seiten **Bewegung, Gesunde Ernährung** und **Zufriedenheit** als der Seite **Home** untergeordnete Seiten.

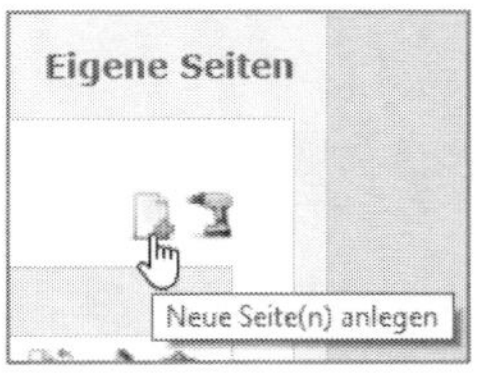

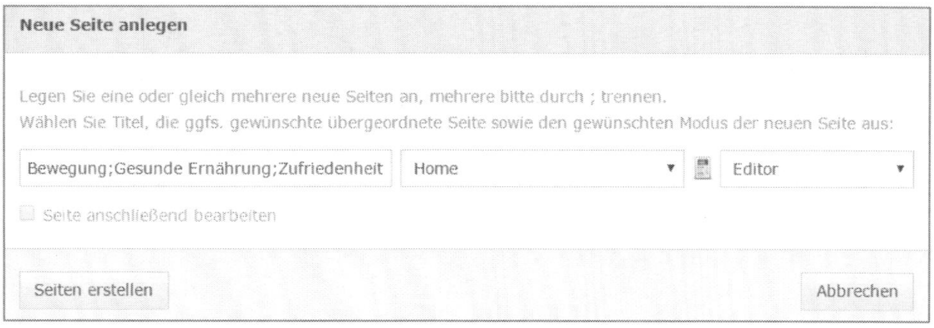

3. Erstellen Sie die Seiten **Sport, Treppensteigen, Spazieren** und **Ruhephasen.** Ordnen Sie dabei die Seiten der Seite **Bewegung** unter.
4. Ergänzen Sie die Seitenstruktur gemäß der MindMap.

Backend	Frontend

5.9 Text und Bilder

Aufgabe 52:
Ergänzen Sie die Seite **Bewegung** um den Text wie abgebildet.

Aufgabe 53:
Laden Sie die Bilder **chinese_girl.png** und **chinese_boy** in die Mediathek des Webauftritts.

1. Rufen Sie im Backend die Mediathek auf.
2. Erstellen Sie das Verzeichnis Bewegung.

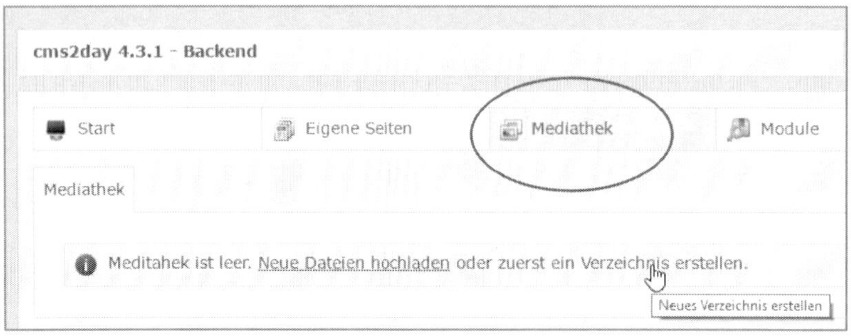

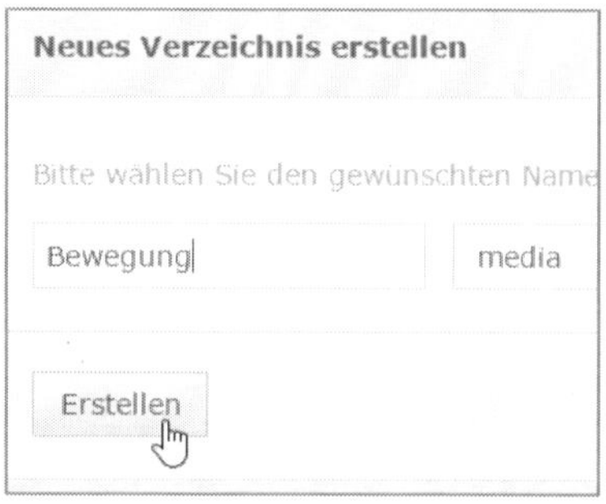

3. Öffnen Sie das Verzeichnis.

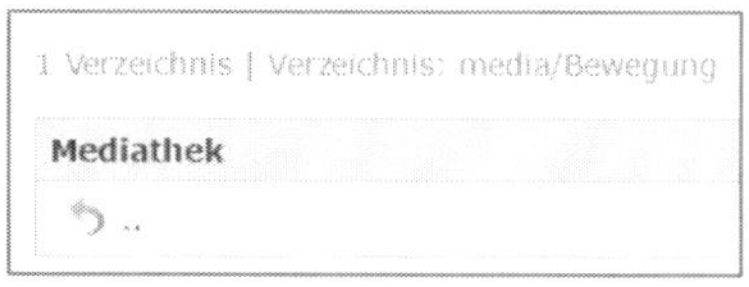

4. Laden Sie die Bilder aus dem Materialordner hoch.

Aufgabe 54:
Ergänzen Sie die Seite **Bewegung** um das Bild **chinese_girl.png**.

1. Fügen Sie das Bild aus der Mediathek ein.

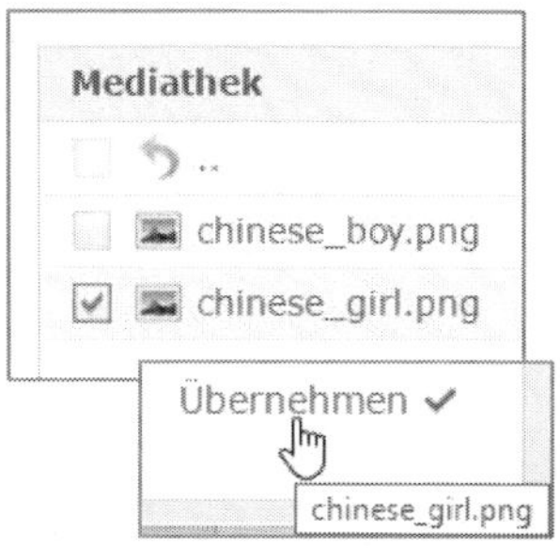

2. Gestalten Sie das Bild wie abgebildet und fügen Sie es ein.

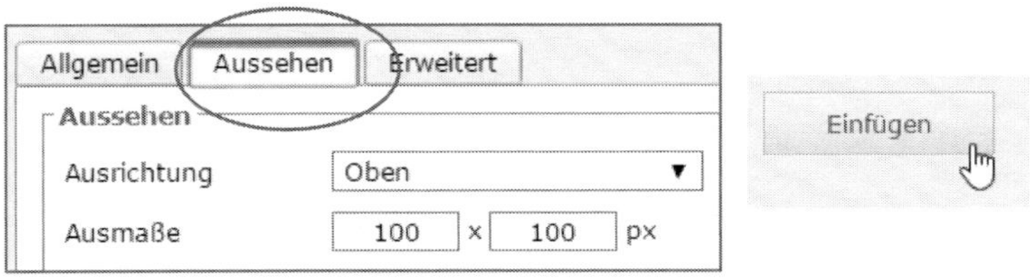

3. Speichern Sie die Änderungen auf der Webseite.

4. Kontrollieren Sie im Frontend.

Aufgabe 55:
Ergänzen Sie die Eigenschaften des Bildes **chinese_girl.png:**
Beim Mouse-Over soll die Quick-Info „Kung-Fu-Fighting“ erscheinen.

1. Markieren Sie das Bild und rufen Sie den Dialog zur Bildveränderung auf.

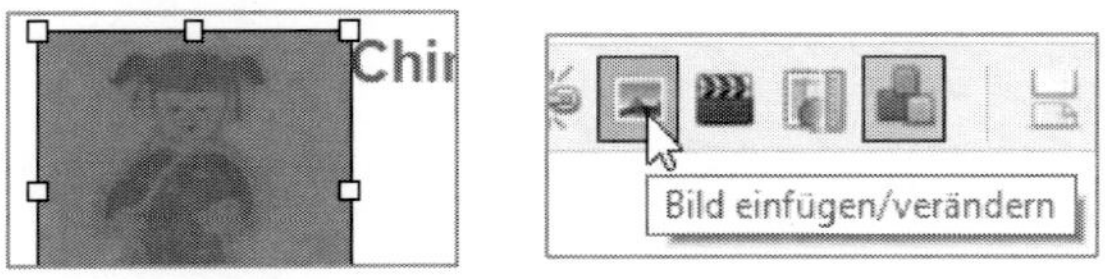

2. Ergänzen Sie die Titel-Eigenschaft.

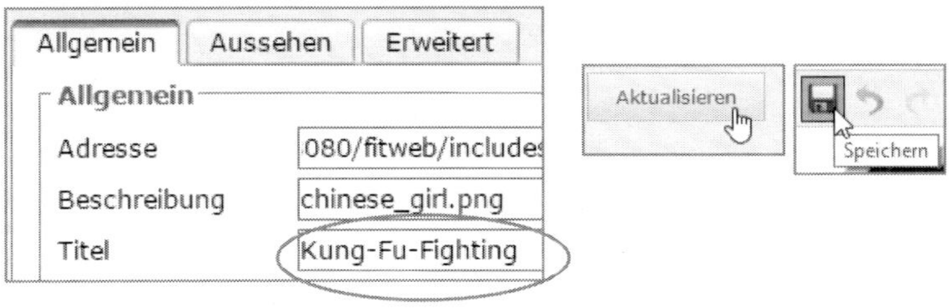

Aufgabe 56:
Ändern Sie die Eigenschaften des Bildes **chinese_girl.png:**
Bei **Mauskontakt** soll das Bild durch das Bild **chinese_boy.png** ersetzt werden.

1. Kopieren Sie den Pfad zum Bild in die Zwischenablage [Strg]+[C].

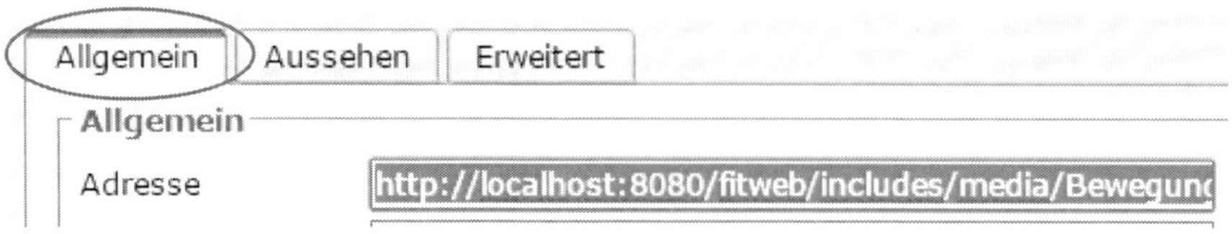

http://localhost:8080/fitweb/includes/media/Bewegung/chinese_girl.png

2. Fügen Sie über die Zwischenablage den Pfad in beide Felder ein [Strg]+[V].

3. Im Feld „bei Mauskontakt“ ändern Sie den Dateinamen auf chinese_boy.png.

5.10 Aufzählungen – Bilder in Tabellen

Bildpositionierung in HTML ist heikel, da die Darstellung abhängig von der Bildschirmauflösung und den Grenzen des CMS-Templates ist. Eine gute Möglichkeit ist das Einbetten von Bildern in Tabellen.

Aufgabe 57:
Ergänzen Sie die Seite **Sport**.

1. Erfassen Sie die Überschrift sowie den einleitenden Text und speichern Sie.

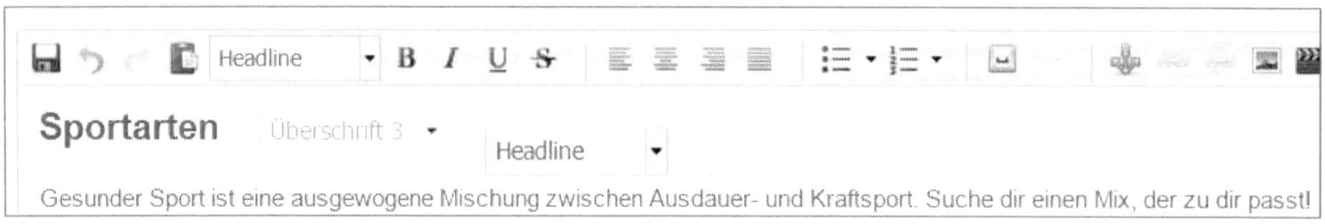

2. Erstellen Sie unter dem Text eine Tabelle.

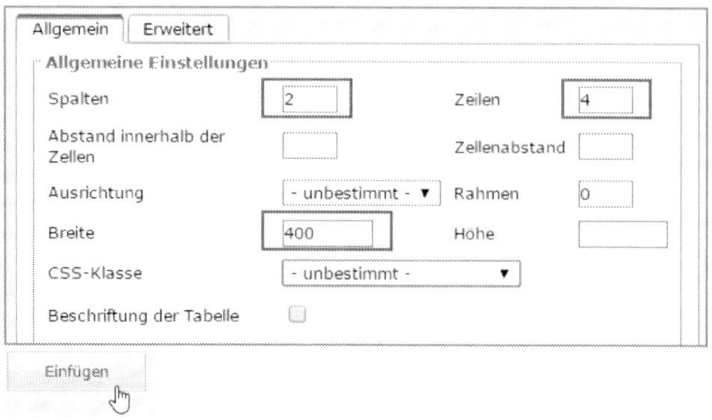

3. Erfassen Sie den Text „Ausdauersportarten" im Format Überschrift 4.
4. Positionieren Sie den Cursor in der ersten Zelle der zweiten Spalte.

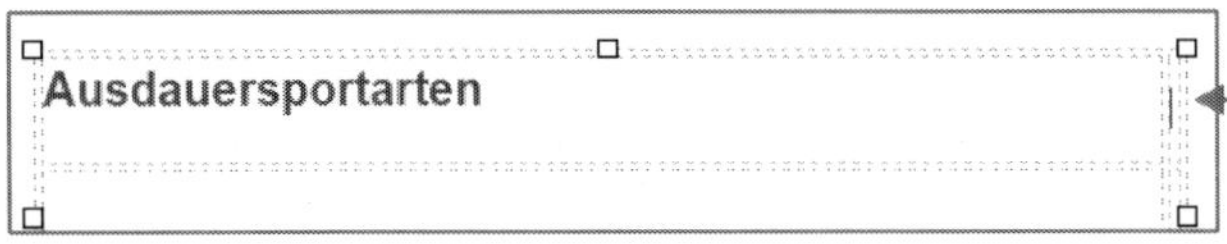

5. Laden Sie das Bild **jogging.jpg** in die Mediathek, Ordner **Bewegung**; und fügen Sie es ein.

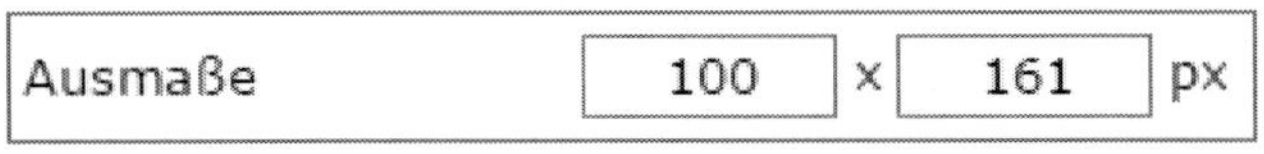

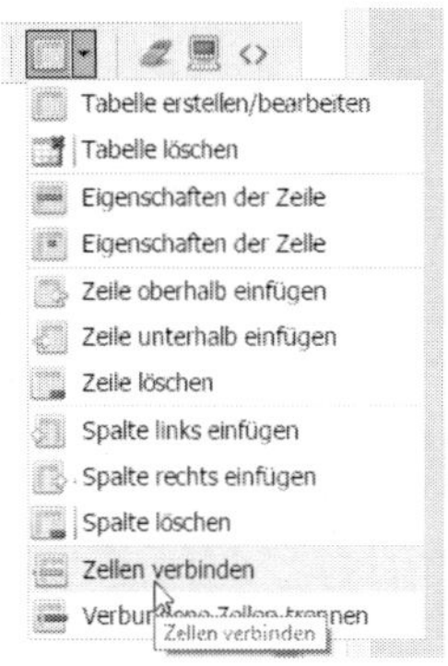

6. Verbinden Sie ersten beiden Zellen der zweiten Spalte.

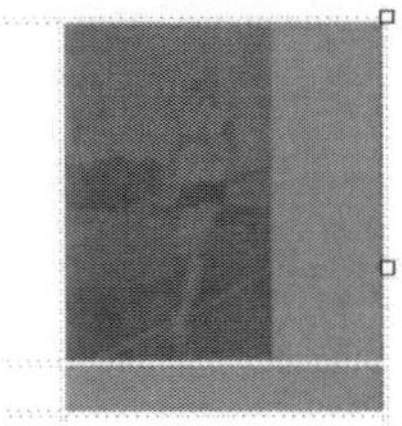

7. Erfassen Sie die Ausdauersportarten als Aufzählung.

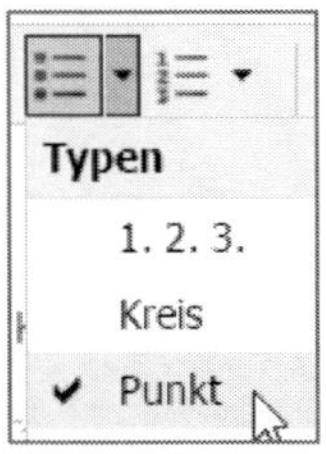

8. Ergänzen Sie die Seite wie abgebildet, speichern Sie und testen Sie im Frontend.

kettlebells.jpg, Breite: 100 Pixel

5.11 Nummerierungen

Aufgabe 58:
Ergänzen Sie die Seite **Treppensteigen** wie abgebildet.

5.12 Hyperlinks

Hyperlinks sind Verweise auf andere Webinhalte. In der Praxis hat sich folgende Handhabung durchgesetzt und bewährt:

- Verweisen Hyperlinks auf eine Seite wird die anvisierte Seite im selben Fenster geöffnet.
- Verweisen Hyperlinks auf andere Webauftritte wird ein neues Fenster/ein neuer Tab geöffnet.

Hyperlinks werden wie folgt erstellt:

1. Markieren des Hypertextes
2. Aufruf des Dialogs

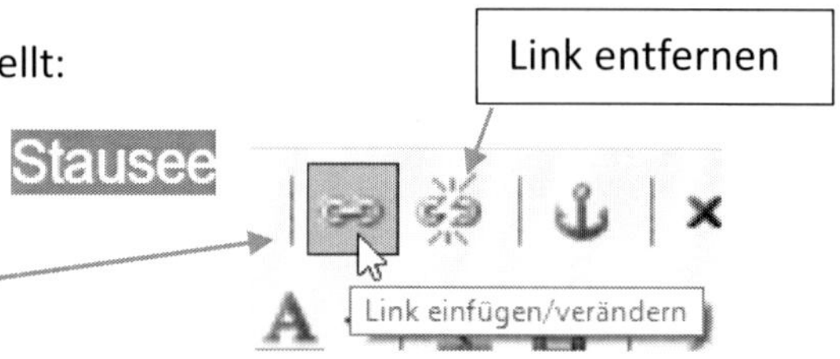

3. Eigenschaften festlegen

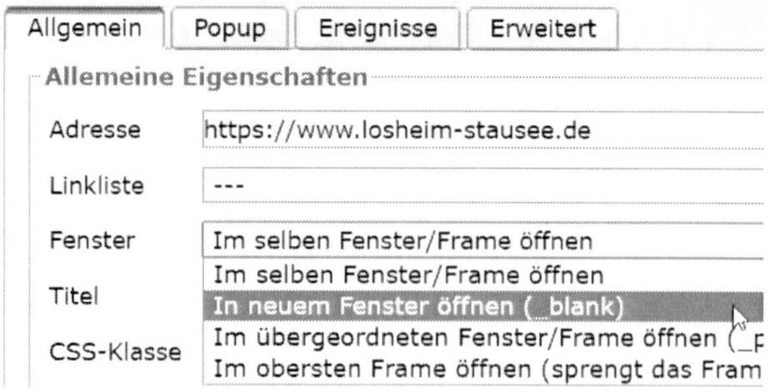

Aufgabe 59:
Ergänzen Sie die Seite **Spazieren** wie abgebildet.

5.13 Tabellen

Aufgabe 60:
Ergänzen Sie die Seite **Ruhephasen** wie abgebildet.

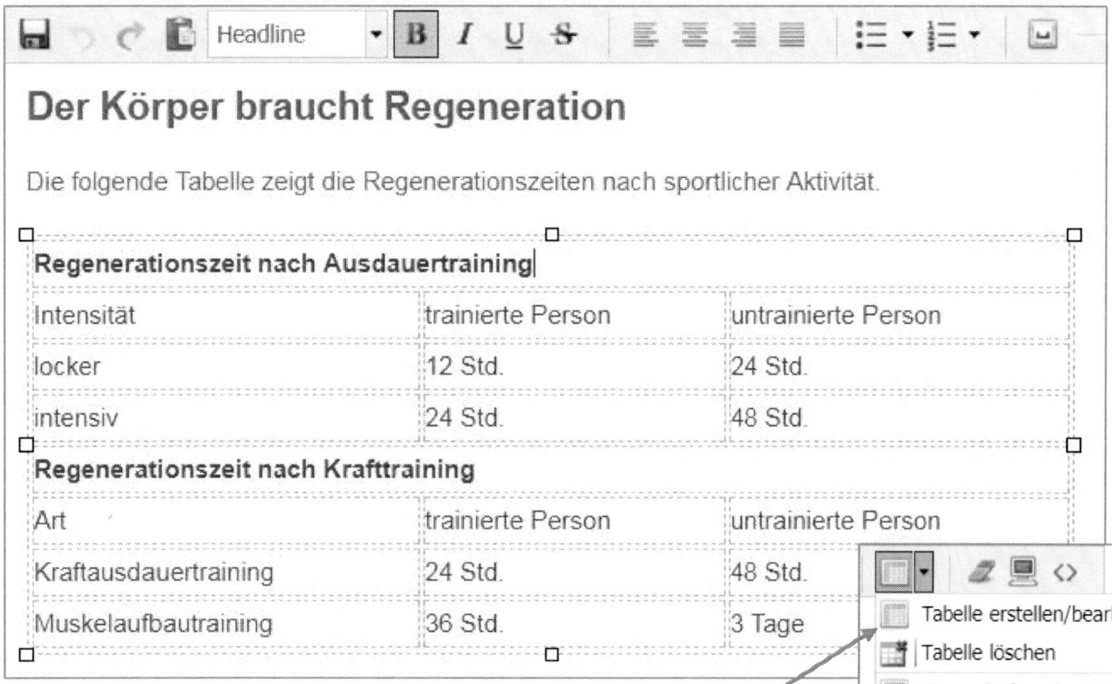

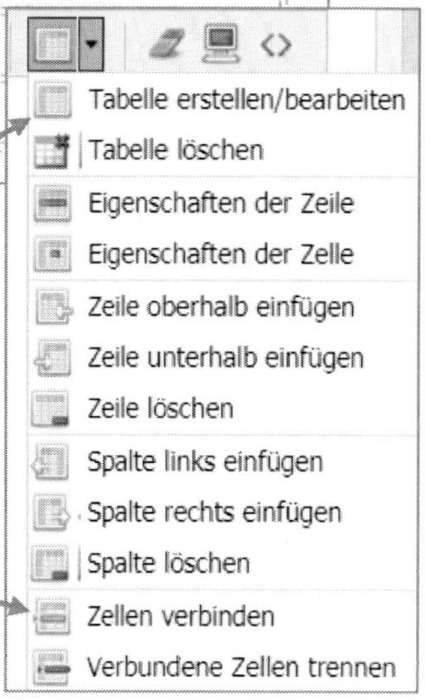

1. Geben Sie die Überschrift und den Text ein.
2. Rufen Sie den Dialog zum Erstellen einer Tabelle auf.
3. Vergeben Sie folgende Eigenschaften:
   Spalten: 3 Zeilen: 8
   Breite: 500px Höhe: 200px
4. Verbinden Sie die Zellen der 1. und 5. Zeile.
5. Erfassen Sie die Texte.

5.14 Benutzerverwaltung

Seiten sperren und für Benutzer freigeben

Im Falle, dass nicht alle Inhalte eines Webauftrittes öffentlich zugänglich sein sollen, bietet **cms2day** die Möglichkeit, Webseiten zu sperren. Dabei wird der Webseite ein Passwort vergeben.

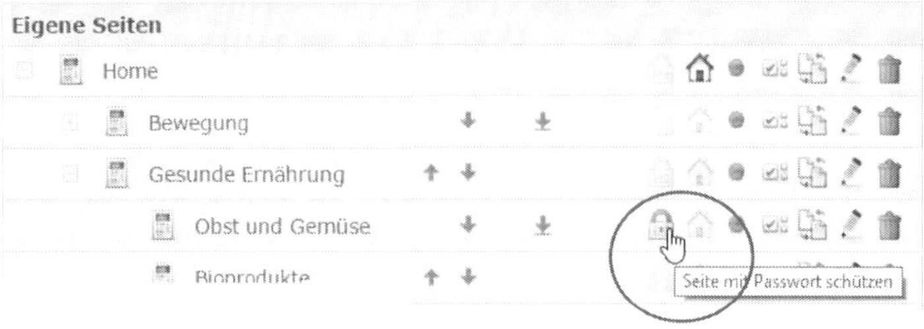

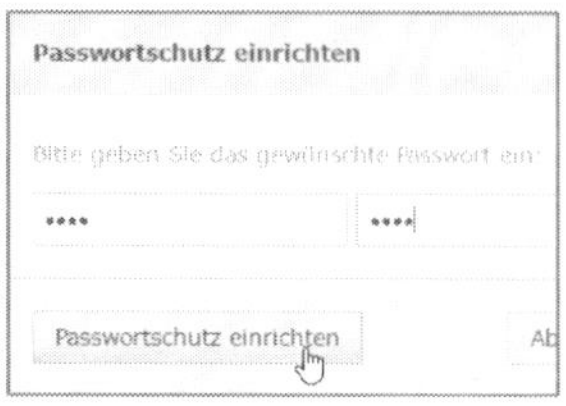

Über die Benutzerverwaltung des CMS können passwortgeschützte Seiten bestimmten Benutzern freigegeben werden. Diese müssen, sofern sie angemeldet sind, das Passwort im Frontend nicht eingeben.

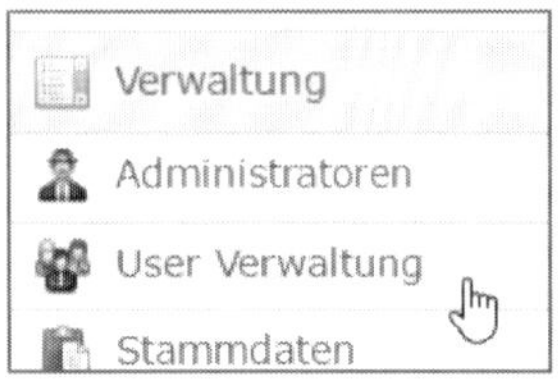

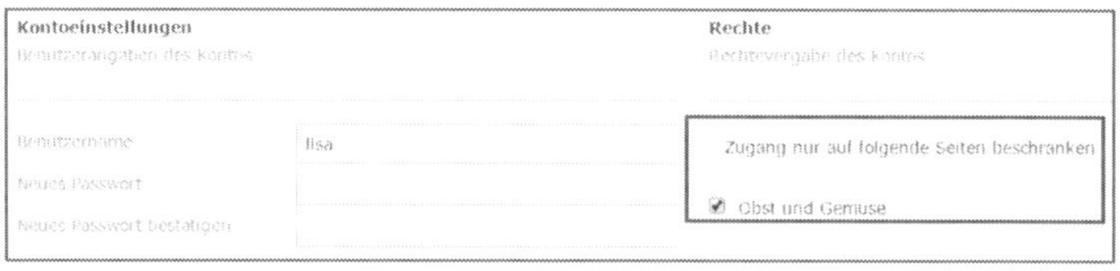

Aufgabe 61:

1. Melden Sie sich mit Ihrem „admin"-Account an.
2. Schützen Sie die Seite „Obst und Gemüse" mit dem Passwort „test".
3. Melden Sie sich ab.

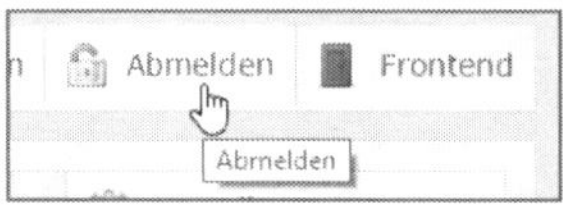

4. Rufen Sie die Webseite „Obst und Gemüse" auf.
5. Wechseln Sie als „admin" ins Backend.
6. Legen Sie in der Userverwaltung Benutzer „lisa" mit dem Passwort „lisalustig" an.

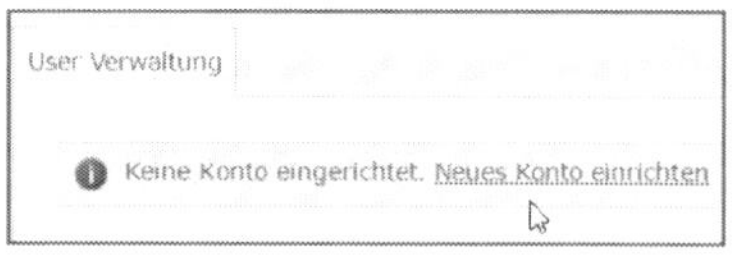

7. Gewähren Sie den Zugriff auf die gesperrte Seite „Obst und Gemüse". (siehe Info-Text)
8. Melden Sie sich ab.
9. Loggen Sie sich beim Aufruf der Webseite „Obst und Gemüse" als „lisa" ein.

Verwaltung von Administratoren in cms2day

In cms2day können weitere Administratoren eingerichtet werden. Administratoren haben grundsätzlich Bearbeitungszugriff auf alle Seiten.

5.15 Kleine Projekte

Ihr Lehrer/Ihre Lehrerin hat den Webauftritt ins Internet geladen.

Notieren Sie die URL:______________________________________

Ihre Aufgabe ist es, den Webauftritt fertigzustellen.

Im Anhang finden Sie eine Anleitung, wie man den Webauftritt auf dem USBWebserver ins Internet, auf den Webspace des Freehosters **BPLACED**, migriert.

Gruppe 1:

Seite(n)	Inhalte
Gesunde Ernährung	Überschrift; Zitat aus **wikiquote;** Bild mit Quickinfo und Tauschbild
Obst und Gemüse	Überschrift; Text zum Unterschied zwischen Obst und Gemüse; je ein Bild zu Obst und Gemüse; Aufzählung zu den positiven Effekten des Verzehrs von Obst und Gemüse.

Gruppe 2:

Seite(n)	Inhalte
Bioprodukte	Überschrift; Erläuterung, welche Produkte Bioprodukte sind; Tabelle mit mindestens 5 Biosiegeln, Bezeichnung und Bild; unter der Tabelle einen Absatz, in dem die englische und französische Übersetzung von Bioprodukten aufgeführt sind.

Gruppe 3:

Seite(n)	Inhalte
Ausgewogene Ernährung	Überschrift; Erläuterung, was ausgewogene Ernährung ist; Bild der Ernährungspyramide. Aufzählung der 5 kalorienreichsten Speisen; die kalorienreichsten Getränke nummeriert.

Gruppe 4:

Seite(n)	Inhalte
Keine Drogen	Überschrift; Erläuterung, was eine Droge ist; Tabelle mit Alltagsdrogen und verbotenen Drogen; die gefährlichsten Drogen nummeriert; gegebenenfalls mit Bildern ergänzen.

Gruppe 5:

Seite(n)	Inhalte
Zufriedenheit	Überschrift; Zitat aus **wikiquote**, Erläuterung, weshalb Zufriedenheit gesund ist; Bild
Soziale Kontakte	Überschrift; Erläuterung der Bedeutsamkeit sozialer Kontakte für die Gesundheit; 3 Bilder in einer Tabelle.

Gruppe 6:

Seite(n)	Inhalte
Erfolg	Überschrift; Bild; Aufzählung von Faktoren oder Rezepten für ein erfolgreiches Leben
Anerkennung	Überschrift, Zitat aus **wikiquote**; Bild; Erläuterung, weshalb Anerkennung im Arbeitsleben wichtig ist.

Gruppe 7:

Seite(n)	Inhalte
Spaß	Überschrift; Zitat aus **wikiquote**; Tabelle mit Bildern und Texten, durch welche Faktoren (mind. 5) Arbeit Spaß bereitet.

5.16 Erweiterungen

Module und Addons

Die Grundinstallation von cms2day kann über Module und Addons erweitert werden. Addons werden in das bestehende System integriert. Module sind eigenständige Programme, die über eine „Schnittstelle" mit dem System verbunden werden. Beide Komponenten erweitern die Funktionalität des CMS.

Aufgabe 62:

Erweitern Sie ***fitweb*** mit dem Modul Sitemap, das die Seitenstruktur des Webauftritts abbildet.

1. Downloaden Sie das Modul **Sitemap** von der Webseite von cms2day und entpacken Sie dieses.
2. Kopieren Sie den Ordner **sitemap**, er befindet sich im Ordner **module**, in den Ordner Module von **fitweb**.

root › fitweb › includes › module

3. Melden Sie sich als **admin** im Backend von **fitweb** an und installieren Sie das Modul.

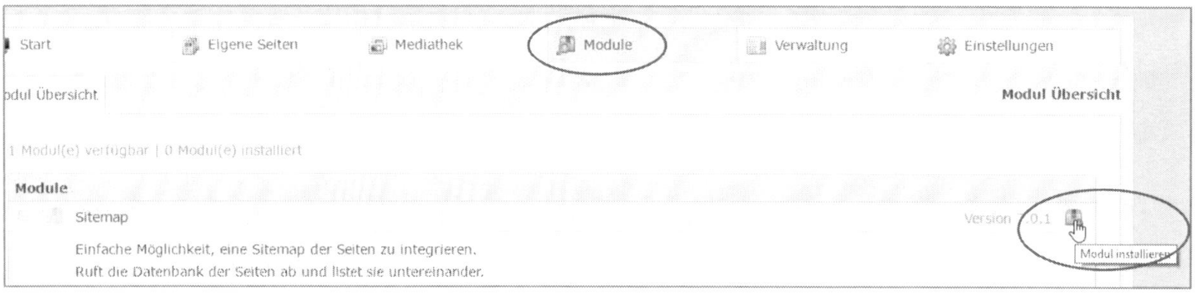

4. Bestätigen Sie das Erstellen einer neuen Seite und schalten Sie im Menü **Eigene Seiten** die Seite **Sitemap** auf sichtbar.

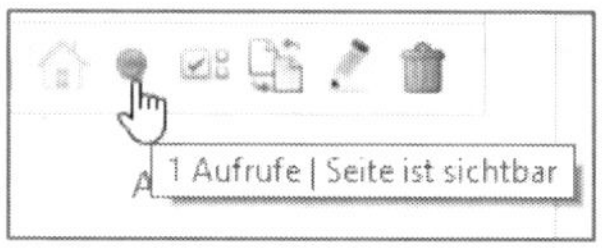

Ein Bio-Tierbauer bittet Sie, einen kleinen Webauftritt zu erstellen, auf dem die Tiere des Hofs präsentiert werden.

Aufgabe 63:
Erstellen Sie den Webauftritt **hof** auf dem Webserver.

1. Erstellen Sie im root-Verzeichnis des Webservers einen Ordner **hof**.

2. Erstellen Sie eine neue Datenbank **db_hof**.

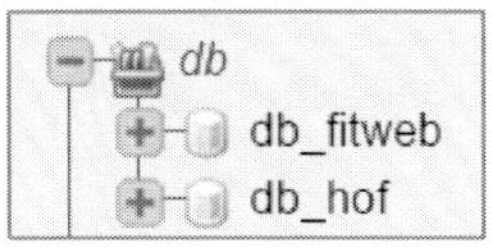

3. Installieren Sie im Ordner **hof cms2day**.
   (Benutzer: admin, Passwort: hofhofhof)

4. Installieren Sie das Template **BlackStyle** als Standardtemplate.
   (Einstellungen → Templates)

5. Erstellen Sie mit Artweaver das abgebildete Logo.

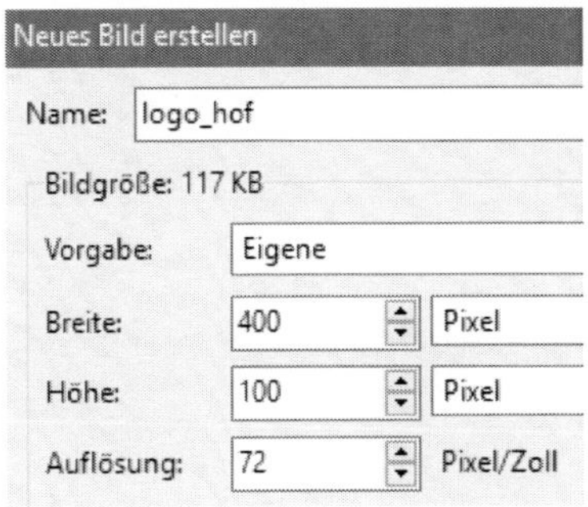

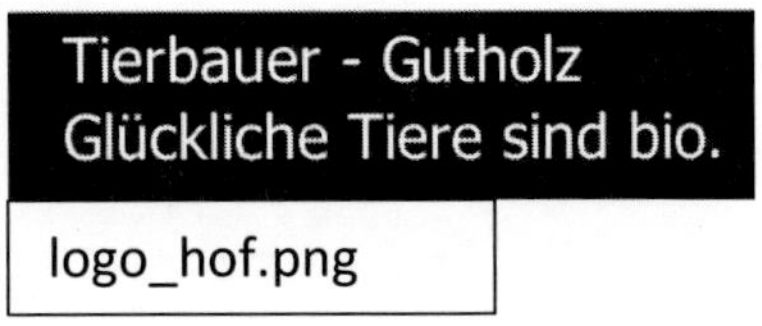

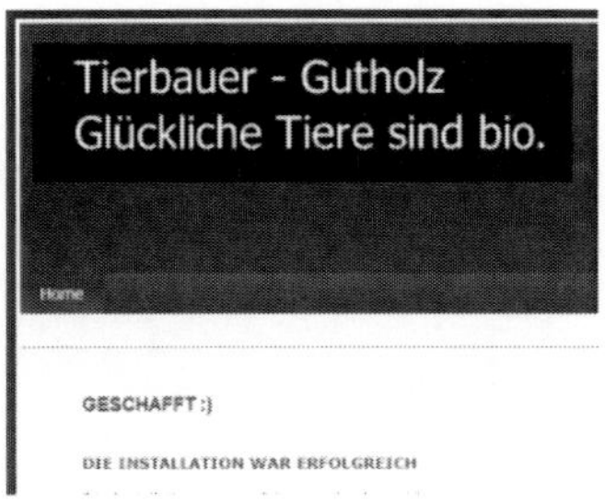

6. Binden Sie das Logo ins Template ein.

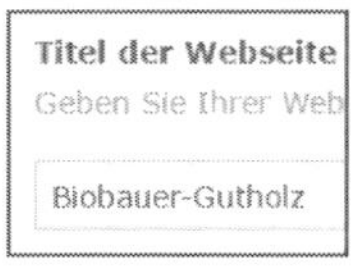

7. Geben Sie dem Weauftritt einen Titel: Einstellungen→Konfiguration
8. Passen Sie die Seite **Home** an.

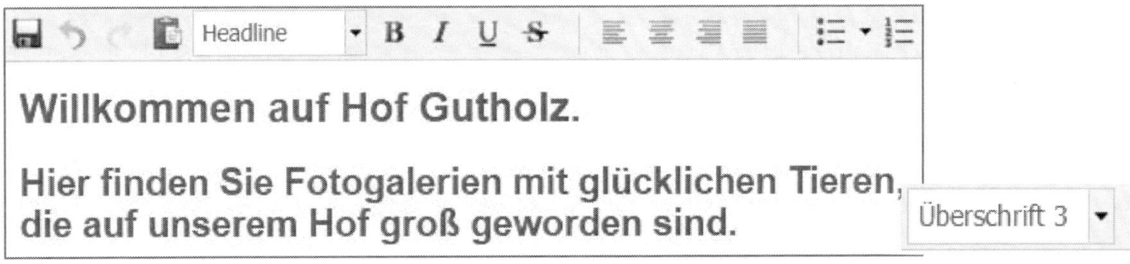

Aufgabe 64:

Installieren Sie das cms2dayModul **Gallery**.

1. Downloaden Sie das Modul **Gallery** von der Webseite von cms2day und entpacken Sie dieses.
2. Kopieren Sie den Ordner **gallery**, er befindet sich im Ordner **module**, in den Ordner **module** von **hof**.

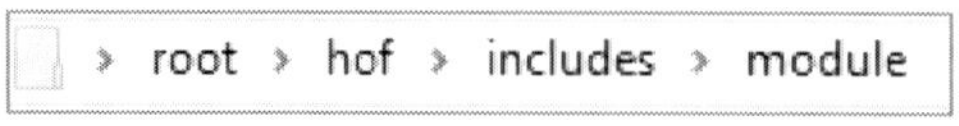

3. Melden Sie sich als **admin** im Backend von **hof** an und installieren Sie das Modul.
4. Machen Sie die neue Seite **Gallery** sichtbar.

5. Wechseln Sie in Module, Klick auf **gallery**, und legen Sie ein neues Album an.

6. Laden Sie 5 Schweinebilder Ihrer Wahl aus dem Arbeitsmaterial hoch. Bei jedem Ladevorgang bestätigen Sie das Speichern eines Thumbnails.
7. Erstellen Sie eine weiteres Album **Ziegen**.

8. Laden Sie 5 Ziegen Ihrer Wahl hoch und speichern Sie die Thumbnails.
9. Erstellen Sie ein weiteres Album mit 4 Schafen.

Zur Prüfungsvorbereitung erstellen Sie einen Webauftritt, auf dem Sie wichtige Prüfungsthemen zu den Kategorien Wirtschaft, Mathematik und Fremdsprachen präsentieren.

Aufgabe 65:
Erstellen Sie den Webauftritt **lernweb** auf dem Webserver.

1. Erstellen Sie im root-Verzeichnis des Webservers einen Ordner **lernweb**.
2. Erstellen Sie eine neue Datenbank **lernweb**.
3. Installieren Sie im Ordner **lernweb cms2day**. (Benutzer: admin, Passwort: lernwebweb)
4. Installieren Sie das Template **Desertstorm** als Standardtemplate.
5. Installieren Sie das Modul **Sitemap** und machen Sie die Seite Sitemap sichtbar.
6. Passen Sie gemäß des folgenden Screenshots die Home-Seite und die Seitenstruktur an.

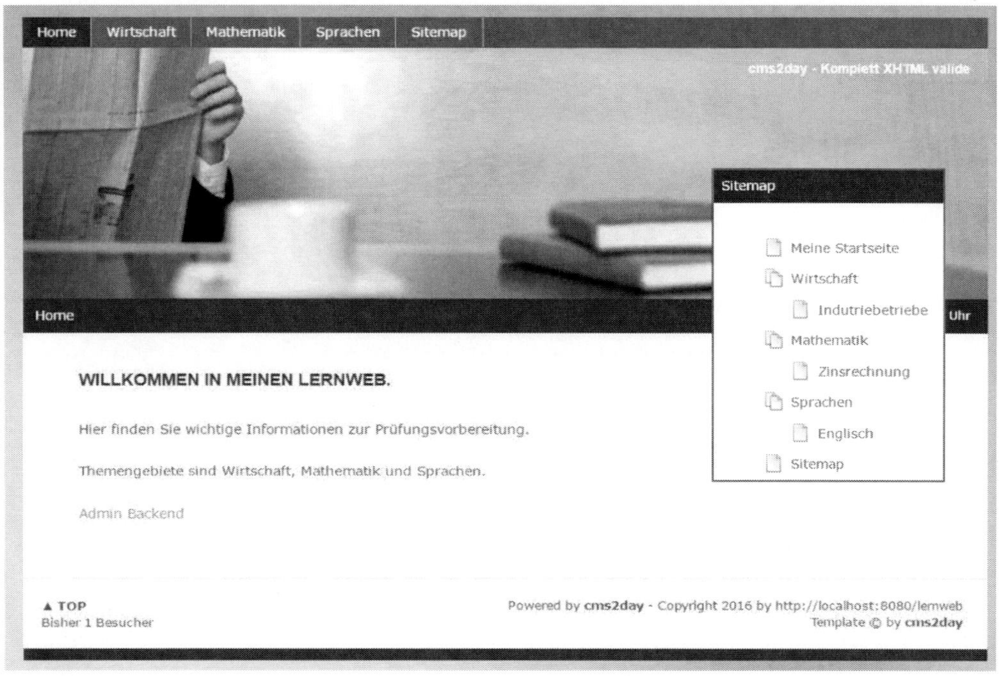

Aufgabe 66:
Bearbeiten Sie die cms2day-Seiten **Mathematik, Wirtschaft** und **Sprachen**.

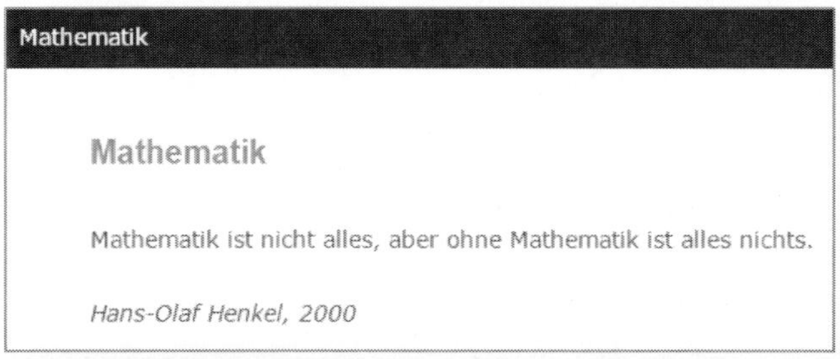

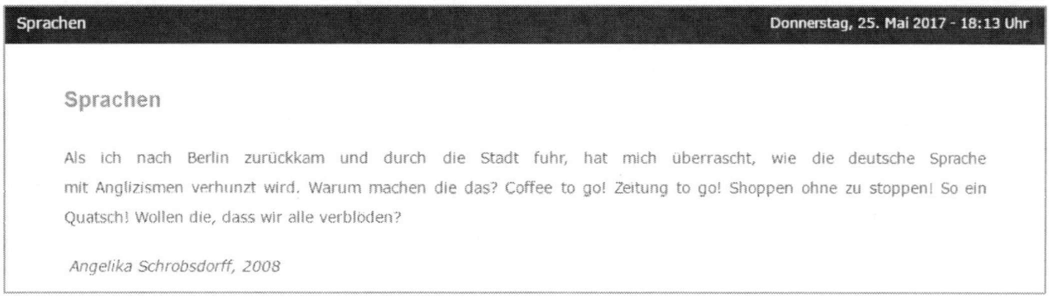

6 Zusammenhang zwischen HTML, CSS und Java Script

Wichtige Sprachen des Internets

Webseiten sind in **HTML** (Hyper-Text-Markup-Language) verfasst.
Sollen alle Webseiten einer Website einheitlich formatiert sein, so benötigt man Grundkenntnisse in **CSS** (Cascading-Style-Sheets), einer Sprache zur Gestaltung von Webseiten.
Dynamische Inhalte, d. h. Inhalte, die der Benutzer per Mausklick gesondert anfordert, werden in der Programmiersprache **JavaScript** eingebunden.

Am Beispiel eines Lernwebs soll in die verschiedenen Sprachen eingeführt werden. In diesem einheitlich gestalteten Lernweb sollen Inhalte zu verschiedenen Fächern nachlesbar sein, Lösungen berechnet und Dateien und Fotos hochgeladen werden können.

Webseiten-Editor erstellen mit dem Editor Bluefish

Webseiten-Editoren sind Tools zum Erstellen von HTML-Seiten. Im Folgenden wird der kostenlose Open-Source-Editor Bluefish verwendet. Diesen findet man unter http://bluefish.openoffice.nl.

6.1 Einfache HTML-Seiten erstellen

Aufgabe 67:
Erstellen Sie mit Bluefish die Webseite **staedte_laender.html**.

1. Erstellen Sie auf dem Übungslaufwerk einen Ordner mit dem Namen **webauftritt**.
2. Starten Sie Bluefish.
3. Menü: Datei → Neu aus Template → HTML5
4. Speichern Sie im Ordner **webauftritt** unter **staedte_laender.html**.
5. Ergänzen Sie wie abgebildet und schauen Sie sich die Seite in der Browservorschau an.

```
<!DOCTYPE html>
<html>
<head>
<meta charset="utf-8" />
<title>Geografie</title>
</head>
<body>
<h1>Länder und Städte</h1>
<p>Hier finden Sie einige Staaten
mit zugehörigen Ländern und Städten.</p>
    <h2>Deutschland</h2>
        <h3>Bayern</h3>
            <h4>München</h4>
            <h4>Bayreuth</h4>
        <h3>Saarland</h3>
            <h4>Saarbrücken</h4>
            <h4>Saarlouis</h4>
    <h2>USA</h2>
        <h3>Florida</h3>
        <h3>Kalifornien</h3>
</body>
</html>
```

Der Titel der Webseite wird im Browser-Tab angezeigt.

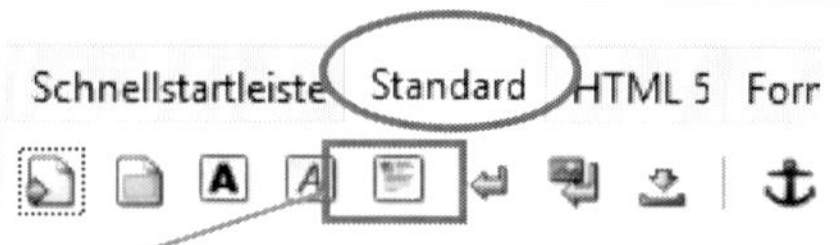

Absatz <p>-TAG
Das <p>-TAG gibt man über die Registerkarte ***Standard*** ein.

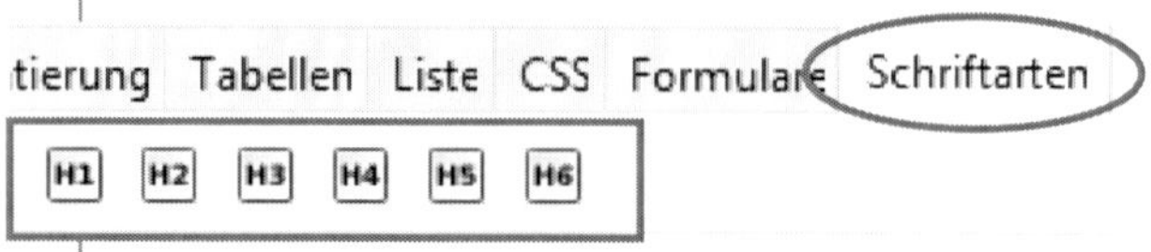

In Bluefish werden **Überschriften** über die Registerkarte ***Schriftarten*** formatiert.

Aufgabe 68:
Notieren Sie das öffnende und schließende TAG zu folgenden HTML-Elementen.

HTML-Element	<Start>-TAG	</Ende>-TAG
Kopf der Webseiten		
Körper der Webseite. Hier stehen die eigentlichen Inhalte.		
Titel der Webseite		
Absatz: Inhaltlich zusammengehörende Texte.		
Überschriftsebene 1 (Heading 1)		
Überschriftsebene 4 (Heading 4)		

Webtaugliche Dateinamen

Alle Dateinamen, die zu einer Webseite gehören, sollten nur aus vier Arten von Zeichen bestehen:

1. Kleinbuchstaben (keine länderspezifischen Zeichen, wie ö, ß oder è),
2. Zahlen,
3. Unterstrich _ ,
4. Punkt vor der Dateierweiterung.

Alle Dateien, die zu einer Website gehören, müssen unterhalb eines Verzeichnisses liegen, dem sogenannten **Wurzelverzeichnis** des Web-Auftritts.

Aufgabe 69:
Erstellen Sie in einem Webordner **mathematik** mit Bluefish die abgebildete Webseite. Notieren Sie zunächst die zu verwendenden TAGs.

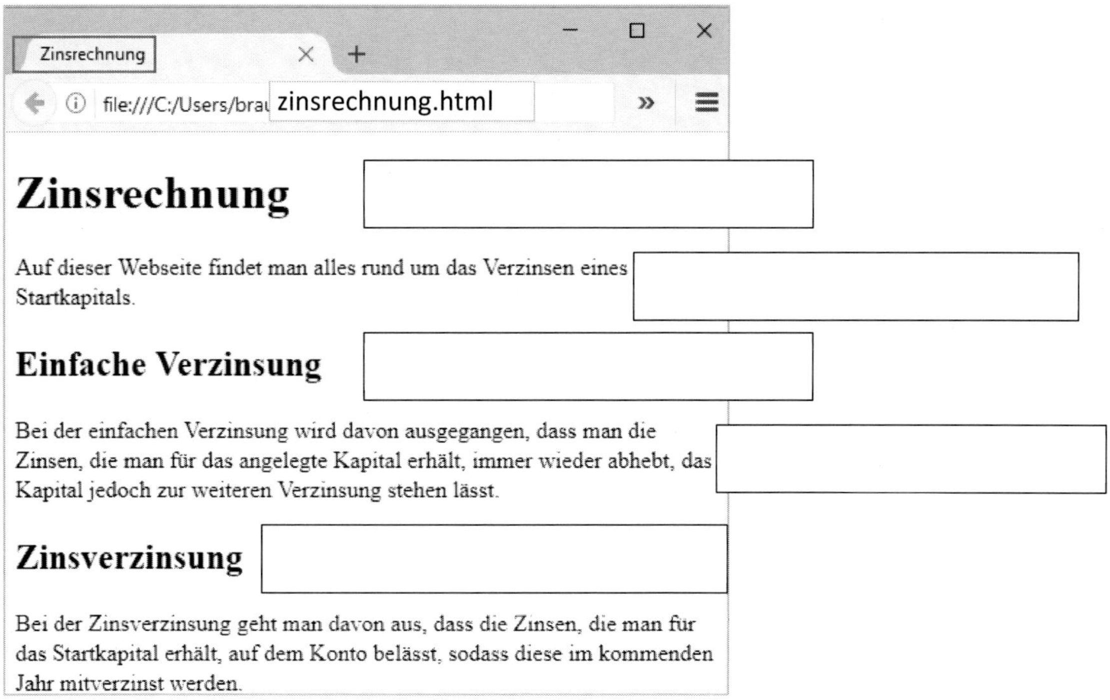

6.2 Formatieren mit CSS

Formatieren mit Cascading-Style-Sheets
CSS-Regeln bestehen aus zwei Teilen, dem Selektor und den Deklarationen.
Zum Verfassen der Regeln kann ein externer CSS-Editor oder der in Bluefish integrierte CSS-Baukasten verwendet werden.

Der Selektor gibt an, **welche** HTML-Elemente formatiert werden.

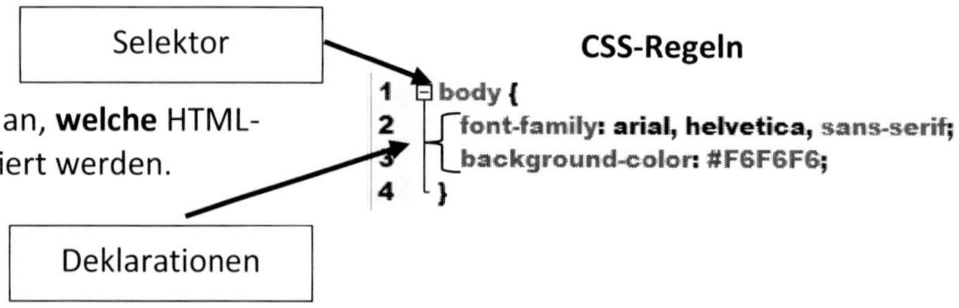

Deklarationen legen fest, **wie** die im Selektor angegebenen Elemente formatiert werden.

Hier wird der <body>-Bereich formatiert. Formatiert wird die Schriftart (**font-family**) und die Farbe des Seitenhintergrundes (**background-color**).

6.2.1 CSS-Datei mit Regel erstellen

Aufgabe 70:

Erstellen Sie in Bluefish die CSS-Datei **lernweb.css**, in der Regeln zu folgenden Formatierungen stehen:

1. Schriftart: Arial, Helvetica bzw. eine Sans-Serif-Schrift
2. Seitenhintergrund: Hellgrau

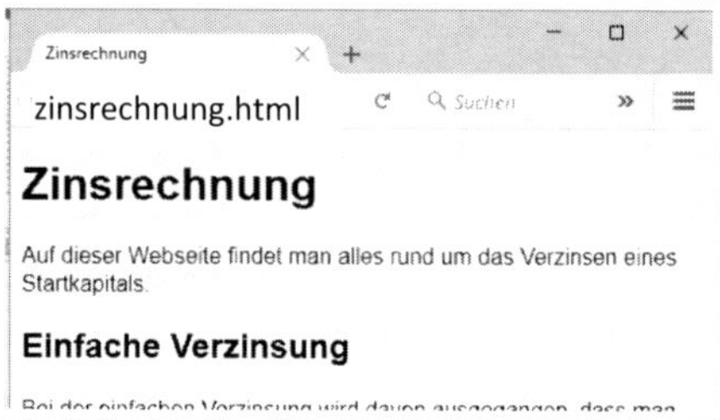

1. Bluefish-Menü: Datei → Neu
2. Menü: Datei → Speichern unter → lernweb.css
   Speichern Sie im gleichen Ordner, in dem auch zinsrechnung.html liegt.
3. Rufen Sie den CSS-Baukasten auf.

4. Nehmen Sie nacheinander folgende Eingaben vor.

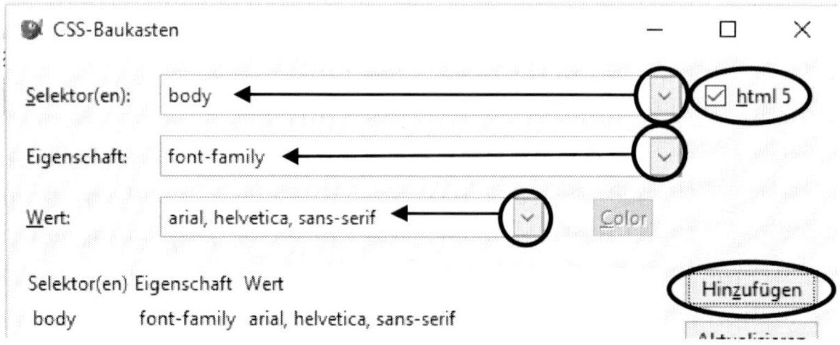

5. Ok.

6. Wählen Sie die Eigenschaft, die die Hintergrundfarbe auswählt, und rufen Sie den Farbauswahl-Dialog auf.

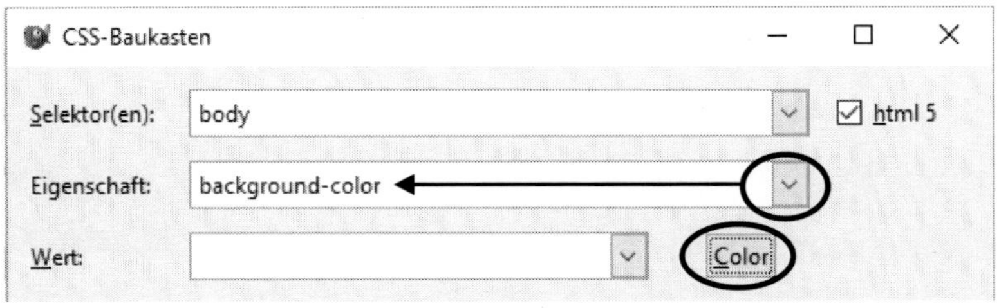

7. Stellen Sie ein Hellgrau ein.

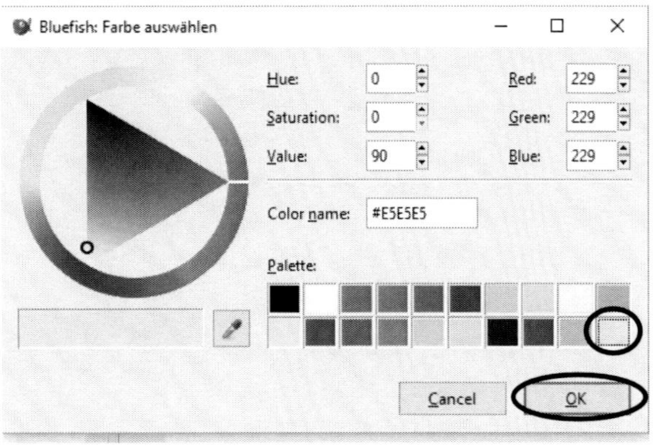

8. Fügen Sie die Deklaration hinzu.

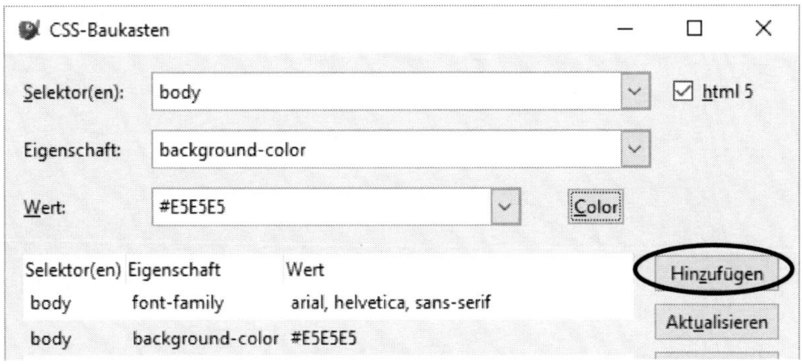

9. Fügen Sie die Regel ein, indem Sie den CSS-Baukasten mit Ok beenden.

10. Speichern Sie die CSS-Datei. 

6.2.2 Einbinden der CSS-Datei

Einbinden von CSS

Damit in verschiedenen Webseiten die gleichen CSS-Regeln gelten, erstellt man eine CSS-Datei, in der die Regeln gesammelt sind. Diese bindet man im <head>-Bereich aller HTML-Seiten über den <link>-TAG ein.

```
<link href="lernweb.css" type="text/css" rel="stylesheet">
</head>
```

Name der CSS-Datei

Aufgabe 71:

Binden Sie die CSS-Datei **lernweb.css** in **zinsrechnung.html** ein.
Gehen Sie wie folgt vor.

1. Öffnen Sie **zinsrechung.html** und setzen Sie den Cursor wie abgebildet.

```
1  <!DOCTYPE html>
2  <html>
3  <head>
4  <meta charset="utf-8" />
5  <title>Zinsrechnung</title>
6  
7  </head>
```

2. Menü: Dialoge → CSS → Link zu Stylesheet…
3. Wählen Sie **lernweb.css** aus.

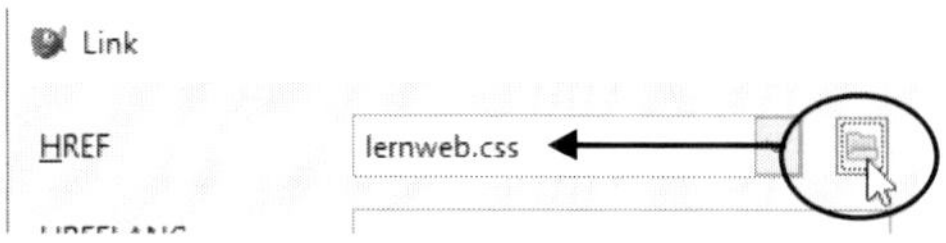

4. Ok.

```
<title>Zinsrechnung</title>
<link href="lernweb.css" type="text/css" rel="stylesheet">
</head>
```

5. Speichern Sie die HTML-Datei.
6. Rufen Sie die Browservorschau auf.

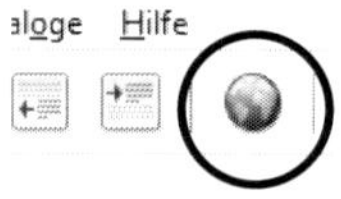

6.2.3 Verändern der CSS-Datei

Aufgabe 72:

Ändern Sie **lernweb.css** so ab, dass die Hintergrundfarbe Gelb ist.
Gehen Sie wie folgt vor.

1. Öffnen Sie **lernweb.css**.
2. Markieren Sie die zu verändernde CSS-Regel.
3. Menü: Dialoge → CSS → Stil erzeugen
4. Klicken Sie die entsprechende Deklaration an.

```
1  body {
2    font-family: arial, helvetica, sans-serif;
3    background-color: #E5E5E5;
4  }
```

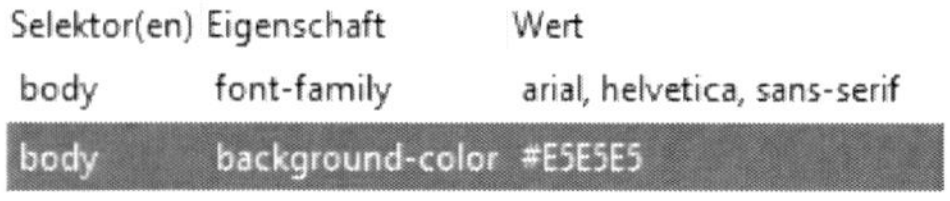

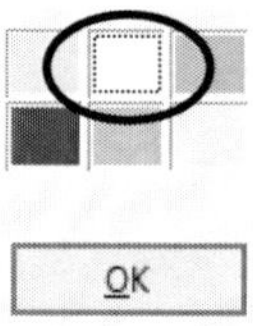

5. Ändern Sie den Wert der Farbe auf Gelb ab.
6. Aktualisieren Sie den Wert in der CSS-Regel.

7. Ok.
8. Überprüfen Sie die Änderungen im Browser.

Selektor mit mehreren Elementen
Im Selektor lassen sich durch Komma getrennt mehrere Elemente angeben, für die die nachfolgenden Deklarationen gelten.

```
h1, h2 {
  color: blue;
}
```

Aufgabe 73:
Fügen Sie **lernweb.css** eine CSS-Regel hinzu, sodass Überschriften der 1. und 2. Ebene in Blau dargestellt werden. Verfahren Sie wie folgt.

Öffnen Sie **lernweb.css** und tippen Sie unterhalb der Regel zum <body> die Regel für <h1> und <h2> ein.

```
body {
  font-family: arial, helvetica, sans-serif;
  background-color: #FFFF00;
}
h1, h2 {
  color: blue;
}
```

font = Schrift

background = Hintergrund

color = Farbe

Prüfen Sie die Änderungen.

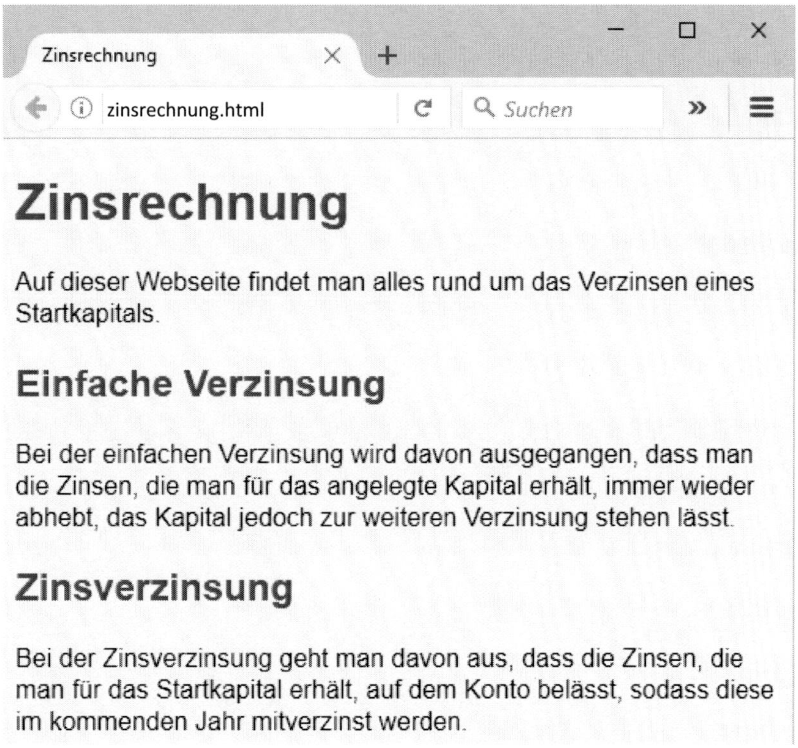

6.3 Dynamische Inhalte mit JavaScript

Aufgabe 74:

Erstellen Sie die Webseite **zinsquiz.html** wie abgebildet.
Binden Sie die CSS-Datei **lernweb.css** ein.

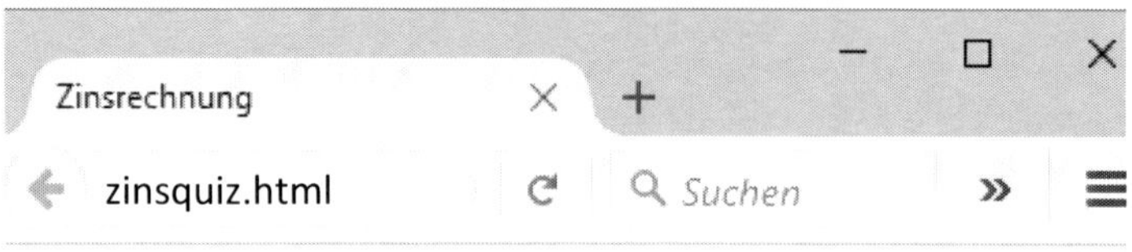

<h2> **Quizfrage**

<p> Wie lautet die Formel zur Berechnung des Endkapitals bei Zinsverzinsung?

Schaltfläche einfügen

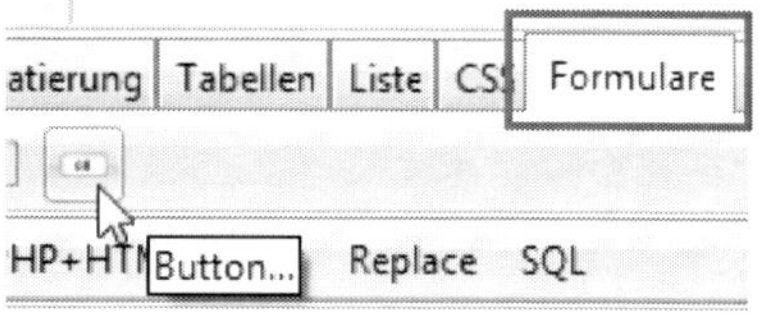

<p> Zeige Lösung

```
<button>Zeige Lösung</button>
```

<p> $K_n = K_0 * (1+p/100)^n$

```
<sup>n</sup>
```

sup →Höherstellen

```
K<sub>n</sub>
```

sub →Tieferstellen

Aufgabe 75:

Ergänzen Sie die **Webseite zinsquiz.html** um folgende Funktionalität: Beim Klick auf einen Button wird eine Funktion aufgerufen, die die unsichtbare Lösung sichtbar macht.

Schritt 1: Lösung über die CSS-Eigenschaft **visibility** unsichtbar machen

```
<p style="visibility:hidden">
   K<sub>n</sub> = K<sub>0</sub>*(1+p/100)<sup>n</sup>
</p>
```

Visibility = Sichbarkeit hidden = versteckt

Die Einstellung kann eingetippt werden oder über das Kontextmenü des <p> TAGs erstellt werden:
Tag bearbeiten → Schaltfläche Stil →Eigenschaft: Visibility → Wert: hidden → Hinzufügen → OK

Schritt 2: Lösungsabsatz „ansprechbar" machen → **id** vergeben

```
<p id="id_loesung1" style="visibility:hidden">
  K<sub>n</sub> = K<sub>0</sub> * (1+p/100)<sup>n</sup>
</p>
```

Die Einstellung kann eingetippt werden oder über das Kontextmenü des <p> TAGs erstellt werden:
Tag bearbeiten → ID: **id_ loesung1**

Schritt 3: Funktion zur Anzeige erstellen

```
<body>
 <script type="text/javascript">
  function fu_loesung_zeigen() {
    document.getElementById('id_loesung1').style.visibility='visible';
  }
 </script>
```

JavaScript Funktionen werden in das **<script>-TAG** eingefasst.

Erläuterung zum Programmcode

```
document.getElementById("id_loesung1").style.visibility='visible';
```

Zugriff im HTML-Dokument auf das Element mit **id="loesung"**	•	Zugriff auf das **style-Attribut**	•	Die CSS-Deklaration visibility auf visible setzen

Schritt 4: Der Schaltfläche (Button) wird der Funktionsaufruf zugeordnet.

```
<button onclick="fu_loesung_zeigen();">Zeige Lösung</button>
```

Die Funktion fu_loesung_zeigen() wird beim Klicken auf den Button aufgerufen.

Aufgabe 76:

Erweitern Sie die Webseite **zinsquiz.html** um eine zweite Frage.

1. Fügen Sie die zweite Frage, die Schaltfläche und die Lösung ein.
2. Machen Sie die Lösung unsichtbar.
3. Vergeben Sie dem Lösungsabsatz die ID „loesung2".
4. Erstellen Sie im <script>-Bereich die Funktion fu_loesung_zeigen2() zum Sichtbarmachen der Lösung.
5. Weisen Sie der Schaltfläche den Funktionsaufruf zu.

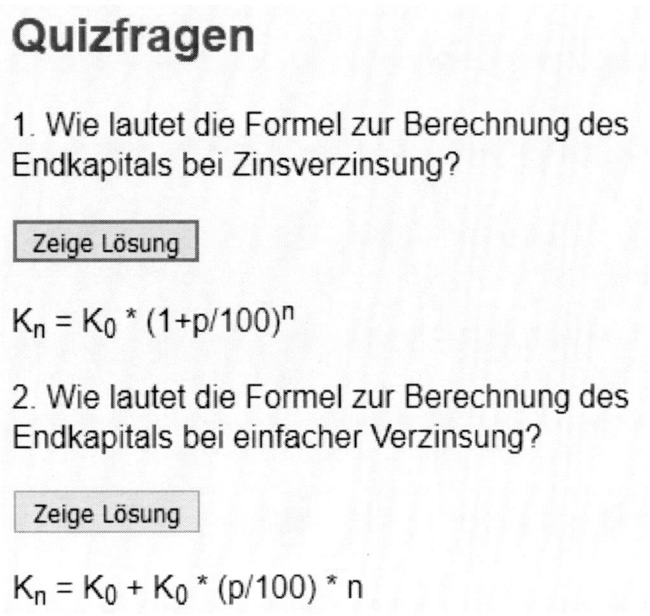

6.4 Funktionen mit Parametern

Funktionen parametrisieren

Man könnte das Einblenden der Lösungstexte in der vorherigen Aufgabe auch mit nur einer Funktion lösen, wenn man beim Funktionsaufruf mitteilt, welcher Lösungstext einzublenden ist.

Aufruf der Funktion

```
<button onclick="fu_loesung_zeigen('id_loesung1');">Zeige Lösung</button>
```

$K_n = K_0 * (1+p/100)^n$

```
<button onclick="fu_loesung_zeigen('id_loesung2');">Zeige Lösung</button>
```

$K_n = K_0 + K_0 * (p/100) * n$

Achten Sie beim Funktionsaufruf darauf, dass die Parameter in Hochkommata gesetzt werden.

Funktion

```
function fu_loesung_zeigen(absatz_id) {
  document.getElementById(absatz_id).style.visibility='visible';
}
```

Aufgabe 77:
Ändern Sie **zinsquiz.html** so ab, dass die nicht parametrisierten Funktionen zur Anzeige der Lösungen durch eine einzige parametrisierte ersetzt werden.

Aufgabe 78:
Nennen Sie Vorteile der Lösungsanzeige mit parametrisierter Funktion.

6.5 Formatieren mit Stilklassen

Einheitlich formatieren mit Stilklassen
Gibt man einem TAG das Attribut `class="Klassenname"` mit, kann man seinen Inhalt über den CSS-Selector `.Klassenname` ansprechen.
Beispiel:
In einer **HTML-Datei** ist ein Absatz der **Klasse loesungstext** zugeordnet.

```
<p class="loesungstext" id="id_loesung1" style="visibility:hidden">
```

In der **CSS-Datei** wird die Schriftfarbe der **Klasse loesungstext** auf Rot gesetzt.

```
.loesungstext{
  color: red;
}
```

Aufgabe 79:

Ändern Sie **zinsquiz.html** so ab, dass Lösungen der Klasse **loesungstext** angehören. Ändern Sie **lernweb.css** so ab, dass Texte, die der Klasse **loesungstext** angehören, in Rot angezeigt werden.

Aufgabe 80:

Ändern Sie **zinsquiz.html** so ab, dass Fragen der Klasse **fragetext** angehören. Ändern Sie **lernweb.css** so ab, dass Texte, die der Klasse **fragetext** angehören, in Dunkelblau (darkblue) angezeigt werden.

6.6 Quelltexte kommentieren

Kommentare

Kommentare im Quelltext sind Infos für Leser des Quelltextes und werden vom Browser überlesen. Erst durch Kommentare sind Quelltexte auch Jahre später noch leicht verständlich.

Kommentare in HTML

```
<p class="fragetext"> <!-- Durch class="fragetext"
                   kann jede Frage per CSS formatiert werden. -->
    1. Wie lautet die Formel zur Berechnung
      des Endkapitals bei Zinsverzinsung?</p>
<p>
  <button onclick="fu_loesung_zeigen('id_loesung1');">Zeige Lösung</button>
</p>
<!-- Durch class="loesungstext" lässt sich jede Lösung per CSS formaieren. -->
<p class="loesungstext" id="id_loesung1" style="visibility:hidden">
```

Kommentare in Javascript

```
function fu_loesung2_zeigen() {
  /* Diese Funktion dient der Anzeige
      der 2. Lösung des Zinsquiz */
  document.getElementById('id_loesung2').style.visibility='visible';
} // Ende von fu_loesung2_zeigen
```

Kommentare in CSS

```
/* Hier werden die Überschriften
des Lernwebs formatiert. */
h1, h2 {
   color: blue;
}
```

Aufgabe 81:

Geben Sie an, wie in den verschiedenen Sprachen Kommentare angegeben werden.

HTML	JavaScript	JavaScript	CSS

Aufgabe 82:

Fügen Sie in **zinsquiz.html** je 2 sinnvolle Kommentare in HTML, in JavaScript und CSS hinzu.

7 Aufzählungen in HTML

Aufzählungen - <ol> - <ul> - <li> - TAGs
Jeder Aufzählungspunkt wird in ein <li>-TAG gefasst.
Wie der Punkt dargestellt wird, entscheidet das umfassende TAG.

Nummerierte Liste

```
<ol>
  <li>Kernprozesse</li>
  <li>Unterstützungsprozesse</li>
</ol>
```

Prozesse eines Industriebetriebes

1. Kernprozesse
2. Unterstützungsprozesse

<ol> umfasst nummerierte Aufzählungspunkte.

Nicht nummerierte Liste

```
<ul>
  <li>Beschaffung</li>
  <li>Produktion</li>
  <li>Absatz</li>
</ul>
```

Kernprozesse

- Beschaffung
- Produktion
- Absatz

<ul> umfasst nicht nummerierte Aufzählungen.

Bluefish

Register → Liste → Schnelle Liste

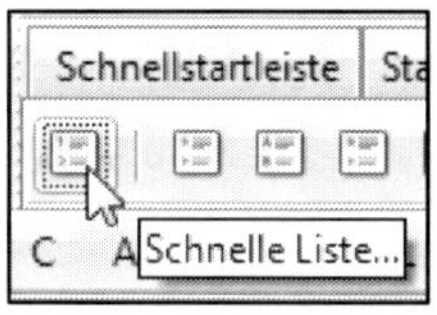

Aufgabe 83:

Erstellen Sie die Seite **bwl.html**.
Der Webseitentitel soll sein: **Aufgaben – Industriebetrieb**.
Formatiert wird die Webseite mit dem CSS-File: **lernweb.css**.
BWL ist eine Überschrift 1. Ebene.
Prozesse eines Industriebetriebes und **Kernprozesse** sind eine Überschrift der Ebene 2.

BWL

Prozesse eines Industriebetriebes

1. Kernprozesse
2. Unterstützungsprozesse

Kernprozesse

- Beschaffung
- Produktion
- Absatz

Aufgabe 84:

Ergänzen Sie **bwl.html** um die nebenstehend dargestellte Aufzählung.

```
<li>Verwaltung</li>
<li>Leitung</li>
<ul>
  <li>Planung</li>
  <li>Organisation</li>
  <li>Führung</li>
  <li>Kontrolle</li>
</ul>
</ul>
```

Unterstützungsprozesse

- Verwaltung
- Leitung
  - Planung
  - Organisation
  - Führung
  - Kontrolle

Aufgabe 85:

Ergänzen Sie lernweb.css um eine Stilregel zum Selektor **ul** so, dass statt Punkten Quadrate als Aufzählungszeichen verwendet werden.

Hinweis: list-style-type: square

▪ Beschaffung

8 Hyperlinks und Tooltips

Auf Texte/Textstellen verweisen - <a>-TAG

Ein <a>-TAG erzeugt einen Link zu einer Webseite, einem PDF Bild oder einem Bild.

<a href="https://de.wikipedia.org/wiki/Grundkapital">Mindestgrundkapitals</a>.

Attribut href | Attributwert: Adresse des Links, URL genannt

Hyperlinks (Verweise) in Bluefish einfügen

a steht für anchor = Anker

href steht für hypertext-reference

1. Text markieren, auf dem der Link liegen soll.
2. Register: Standard → Anker-Symbol anklicken

3. Ziel-Adresse angeben:
   a) Fügen Sie im Feld HREF die Web-Adresse ein, auf die verwiesen werden soll oder
   b) öffnen Sie über das Ordnersymbol den Dialog, in dem die Datei ausgewählt wird, die beim Anklicken des Links geöffnet werden soll.

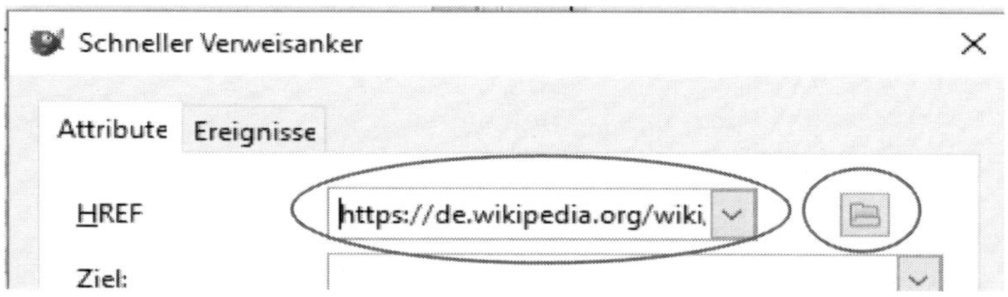

Aufgabe 86:

Erstellen Sie folgende HTML-Seite **kapgesellschaften.html** und beziehen Sie **lernweb.css** ein. Der Titel soll **Kapitalgesellschaften** sein. Formatieren und verlinken Sie wie angegeben. Wo keine Zieladressen angegeben sind, setzen Sie den Link auf eine beliebige sinnvolle Webseite. Führen Sie dazu jeweils eine Webrecherche durch und kopieren Sie die gefundene Web-Adresse (URL) in die Zwischenablage. Fügen Sie diese in Bluefish im Dialog zum Verweisanker entsprechend ein.

h1 **BWL**

Unterstrichene Stellen sollen auf sinnvolle Webseiten verweisen.

h2 **Rechtsformen**

h3 **Kapitalgesellschaften**

h4 **Die Aktiengesellschaft - AG**

Link zur Grafik „aktienchart.jpg"

Zur Gründung einer AG bedarf es eines Mindestgrundkapitals. Dieses Grundkapital ist in Anteilsscheine (Aktien) gestückelt. Der Wert der Aktien lässt sich an Charts ablesen. Aktien haben einen Nennwert und einen Kurswert. Wichtigstes beschließendes Gremium ist die Hauptversammlung. Im Aufsichtsrat der AG sind zwei Gruppen des Unternehmens vertreten.

Tooltip-Text bzw. Quickinfo

Ein Tooltip-Text bzw. eine Quickinfo erscheint, wenn der Mauszeiger eine kurze Zeit unbewegt über einem Element verweilt. Man redet auch vom Mouseover-Text. Den Text setzt man über das Attribut **title**. Dieses Attribut kann jedem TAG mitgegeben werden.

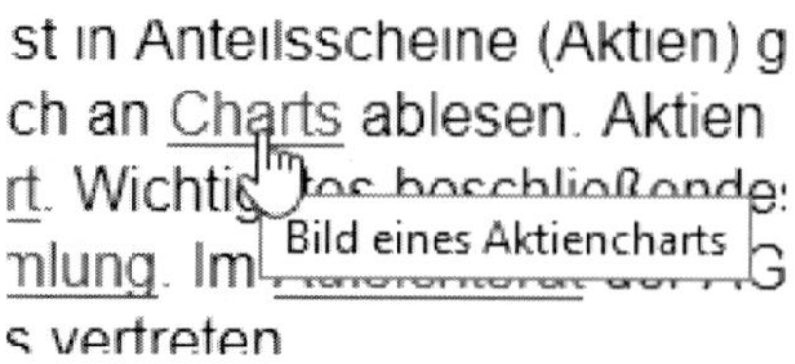


```
<a href="aktienchart.jpg" title="Bild eines Aktiencharts">Charts</a>
```

Attribut title — Tooltip-Text

Aufgabe 87:

Erweitern Sie **kapgesellschaften.html** um mindestens 3 sinnvolle Quickinfos. Z. B.:

1. „Hier klicken, um einen passenden Wikipedia-Eintrag zu öffnen."
2. „Bild eines Aktiencharts".
3. „Wenn Sie den Link in einem anderen Tab öffnen möchten, klicken Sie ihn mit rechts an > Link in neuem Tab öffnen."

9 Tabellen

Tabellen in HTML

Das <table>-TAG leitet eine Tabelle ein.
Das <tr>-TAG leitet eine Tabellenzeile ein.
Im <td>-TAG wird der Inhalt einer Zelle angegeben.

Inhalt	Inhalt

Eine Tabelle mit einer Zeile und zwei Spalten.

```
<table>
  <tr>
    <td>Inhalt</td>
    <td>Inhalt</td>
  </tr>
</table>
```

Aufgabe 88:

Erstellen Sie die HTML-Seite **rabattieren.html.** Binden Sie das CSS-File **lernweb.css** ein.

h1 — **Rechnungswesen**

h2 — **Rabattberechnungen**

Gegeben sei folgende Rabattstaffel:

ab Stück	Rabatt
10	5 %
20	8 %

Tabelle mit 3 Zeilen und 2 Spalten

Beispiel:
Eine Bestellung von 21 Stück kostet 100,00 EUR. Wie hoch ist der Preis unter Berücksichtigung des Rabatts?
Rabattpreis = 100,00 EUR - 100,00 EUR * 0,08 = 92,00 EUR.

Tabellen in CSS mit Rahmen formatieren

```
table, tr, td{
  border:solid 1px black;
}
```

border = Rahmen
solid = durchgezogen
black = Schwarz

ab Stück	Rabatt
10	5 %
20	8 %

Aufgabe 89:
Passen Sie das CSS-File **lernweb.css** so an, dass Tabellen mit einem 1Pixel breiten durchgezogenen schwarzen Rahmen dargestellt werden.

Aufgabe 90:
Erstellen Sie die HTML-Seite **kapgesellquiz.html.**
Binden Sie das CSS-File **lernweb.css** ein.
Bauen Sie die Fragen und Antworten tabellarisch auf.

Quizfragen

Quiz zu Kapitalgesellschaften

1.	Wie hoch ist das Mindestgrundkapital, das zur Gründung einer AG benötigt wird?	50.000 €	Lösung/Hilfe anzeigen
2.	Wie heißt das wichtigste beschließende Gremium einer AG?	Die Hauptversammlung	Lösung/Hilfe anzeigen
3.	Welche zwei Gruppen des Unternehmens sind im Aufsichtsrat vertreten?	Anteilseigner und i. d. R. Arbeitnehmer	Lösung/Hilfe anzeigen

Hier eine Auflistung der Quickinfos, die über den Schaltflächen erscheinen sollen.

Nr.	Quickinfo
1.	Für die Gründung einer GmbH ist ein Mindestkapital von 25.000 € notwendig.
2.	Vorstand und Aufsichtsrat sollten an der Hauptversammlung teilnehmen.
3.	Die Tätigkeiten des Vorstandes werden durch den Aufsichtsrat kontrolliert.

1. Geben Sie die Überschriften ein.
2. Erstellen Sie eine Tabelle mit vier Spalten und einer Zeile.
3. Erstellen Sie die Seite zunächst mit Frage 1 und testen Sie das Anzeigen der Lösung.

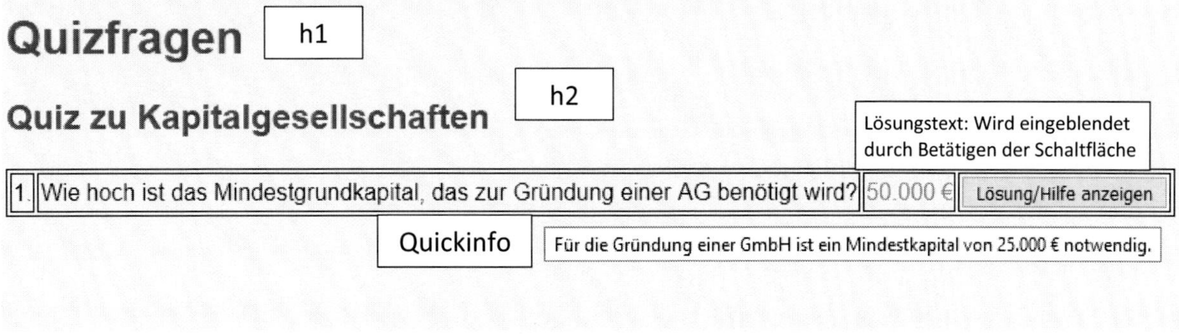

4. Vervollständigen Sie hier den Code für die Zelle, die den Lösungstext enthält.

```
<td id=__________ class=__________ style='__________'>50.000 €</td>
```

5. Vervollständigen Sie den Code für die Schaltfläche.

```
<td>
    <button onclick=______________________________
        title='______________________________'>
    Lösung anzeigen</button>
</td>
```

6. Fügen Sie in **lernweb.css** folgende Regel ein: `.loesungstext {color:red;}`
7. Erweitern Sie die Tabelle nun um die Fragen 2 und 3.

10 Ausrichtung – Das Box-Modell

Das Box-Modell

In CSS werden Abstände von Texten/Bildern zum umgebenden Blockelement (z. B. Absatz) und Abstände der Blockelemente zueinander über folgende drei Eigenschaften dargestellt: **margin und padding, Außenabstand und Innenabstand**.

```
#id_block1{
   margin: 20px;
   padding: 30px;
   background-color: red;
}
#id_block2{
   margin: 20px;
   padding: 30px;
   background-color: yellow;
}
```

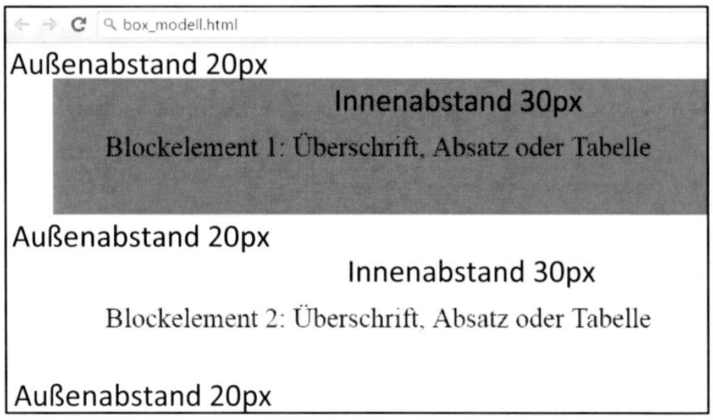

Texte ausrichten – text-align

Texte und Bilder werden über die CSS-Eigenschaft **text-align** ausgerichtet.

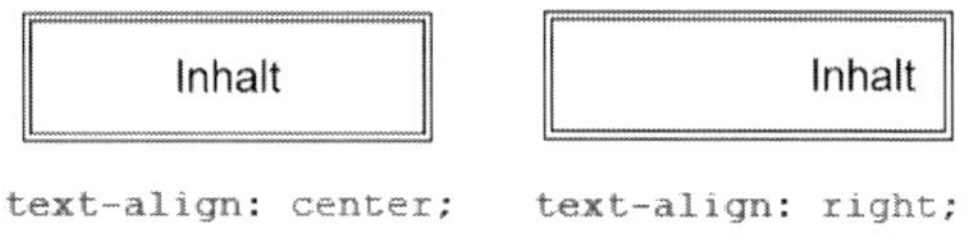

Aufgabe 91:

Erstellen Sie das Dokument **buchen.html**. Binden Sie **lernweb.css** ein und passen Sie **lernweb.css** so an: Die Tabelle (table) und die Zellen (td) sind mit einem soliden 1 Pixel breitem Rahmen versehen. Weiteres entnehmen Sie der Abbildung.

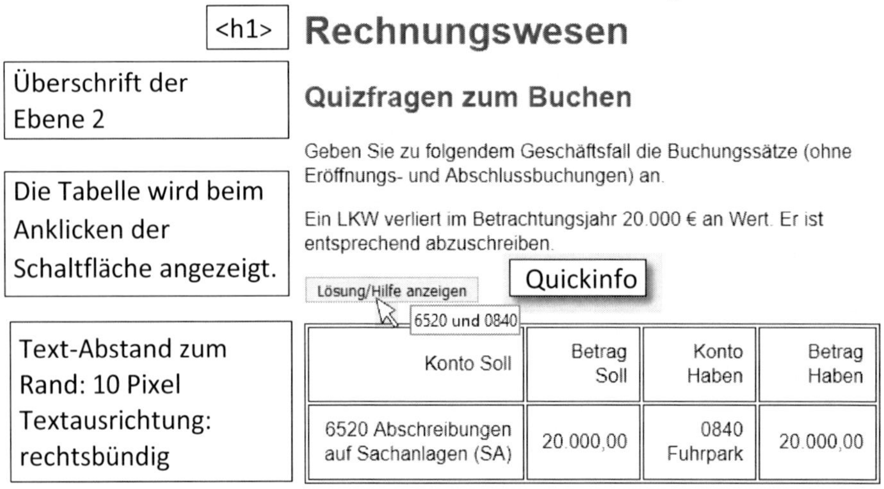

Aufgabe 92:

Notieren Sie die CSS-Regeln.

Unterscheidung zwischen Blockelementen – Inline-Elementen
Block-Elemente wie Überschriften, Textabsätze und Listen bilden einen Absatz. In der Browseransicht erkennt man dies oft an einem größeren Zeilenabstand nach dem Block-Element.
Inline-Elemente wie Bilder oder Hyperlinks bilden keinen Absatz, sie stehen innerhalb eines Absatzes.
Wichtig: Ein Inline-Element muss in einem Blockelement stehen.

11 HTML-Seiten in ein CMS einbinden

Aufgabe 93:
Binden Sie die Seite **zinsrechnung.html** auf der Seite **Zinsrechnung** des **cms2day**-Auftritts **lernweb** ein.

1. Rufen Sie auf dem USB-Webserver den CMS-Auftritt **lernweb** im Backend auf.

Benutzername: admin Passwort: lernwebweb

2. Rufen Sie die Bearbeitung der Seite Zinsrechnung auf.

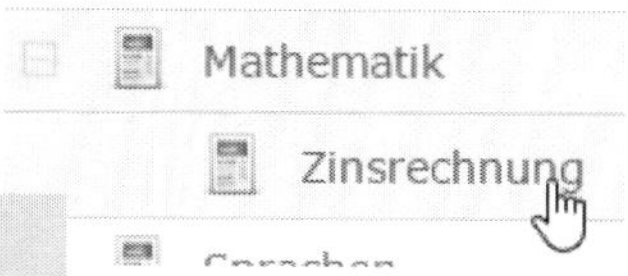

3. Rufen Sie die Bearbeitung des Quellcodes auf.
4. Öffnen Sie in Bluefish **zinsrechnung.html**.

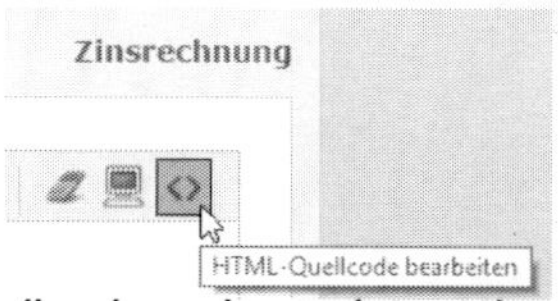

5. Kopieren Sie den Quelltext innerhalb von <body></body> ohne <h1>-Überschrift über die Zwischenablage in den Quellcode der CMS-Seite.

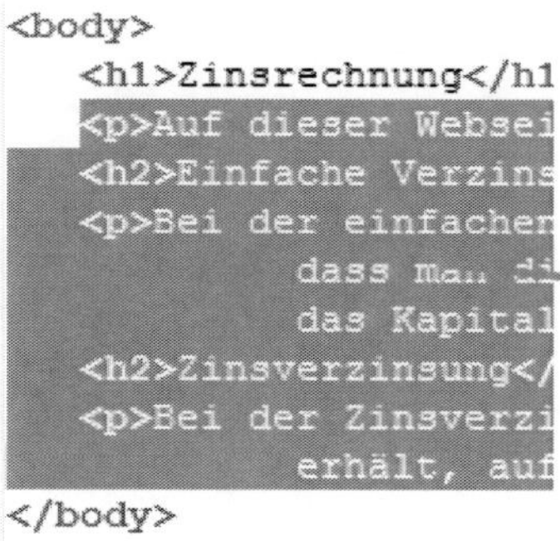

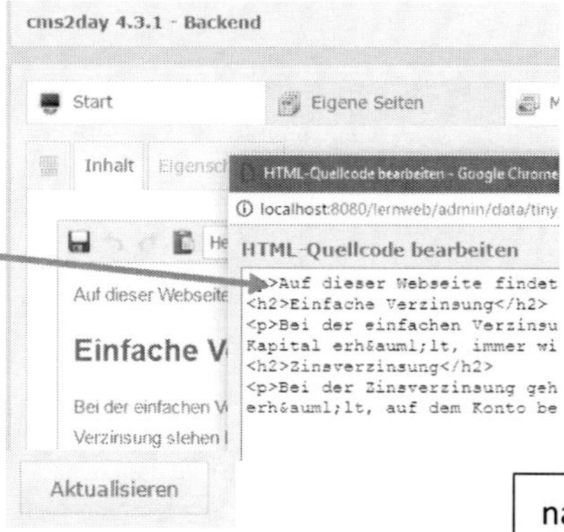

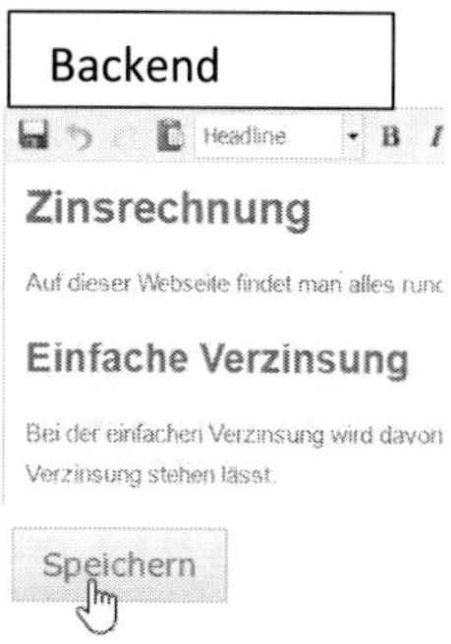

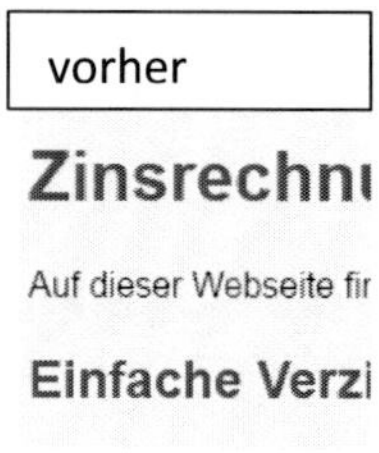

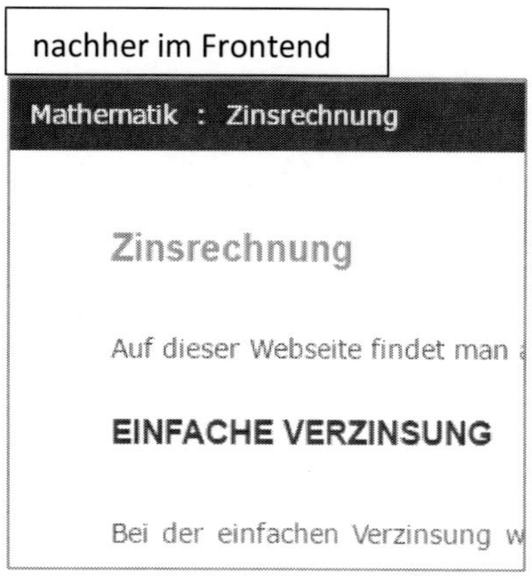

Aufgabe 94:
Begründen Sie, weshalb das Aussehen der Webseite sich ändert.

Aufgabe 95:

Binden Sie die Seite **bwl.html** auf der Seite **Industriebetriebe** des **cms2day**-Auftritts **lernweb** ein.

Aufgabe 96:

Erstellen Sie in cms2day in **lernweb** eine neue Seite Zinsquiz. Binden Sie die HTML-Seite **zinsquiz.html** auf dieser Seite ein.

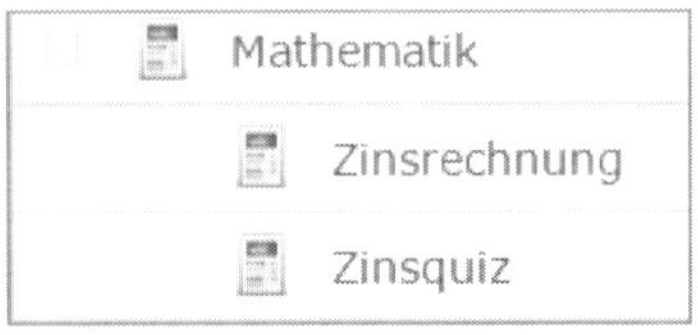

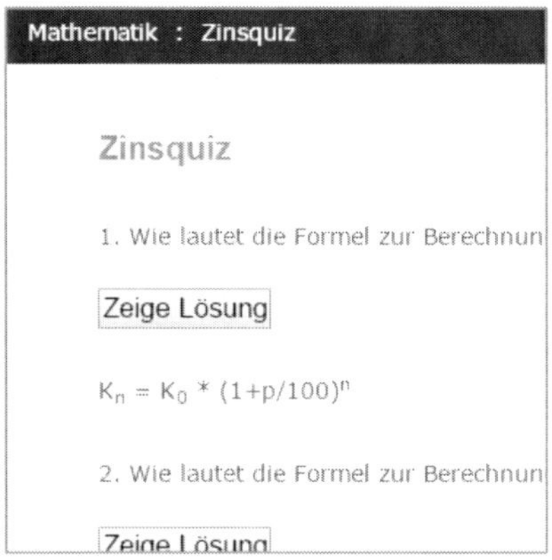

Aufgabe 97:

Binden Sie folgende Seiten in den cms2day Auftritt **lernweb** ein.

kapgesellschaften.html → Wirtschaft/Kapitalgesellschaften
rabattieren.html → Wirtschaft/Rabatte
kapgesellquiz.html → Wirtschaft/Quiz zur Kapitalgesellschaft
buchen.html → Wirtschaft/Buchen

Im Folgenden werden zahlreiche Webseiten erstellt, die in das **Lernweb** integriert werden sollen.

Binden Sie diese Webseiten jeweils unter einer der Kategorien Wirtschaft, Mathematik oder Sprachen ein.

12 Mit JavaScript auf HTML und CSS zugreifen und rechnen

12.1 Ausgaben mit JavaScript

JavaScript-Zugriff auf HTML-Inhalte - innerHTML
Folgender Befehl schreibt „Text“ in das HTML-Element mit der angegebenen id.

```
document.getElementById("id").innerHTML ="Text";
```

JavaScript-Zugriff auf CSS-Eigenschaften - style
Mit folgendem Befehlsfragment

```
document.getElementById("id").style.
```

greift man auf die CSS-Eigenschaften des Elements mit der angegebenen id zu.
Hinter dem Punkt gibt man die gewünschte Eigenschaft an.
Folgender Befehl setzt die Farbe des Elements mit der angegebenen id.

```
document.getElementById("id").style.color="Farbe";
document.getElementById("id").style.
```

Aufgabe 98:
Erstellen Sie die Webseite **verkauf.html.** Binden Sie **lernweb.css** ein.

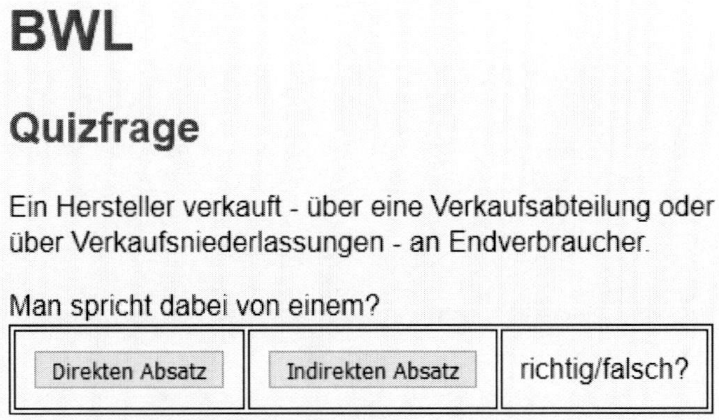

Betätigt der Benutzer eine Schaltfläche, erscheint in der 3. Zelle entsprechend richtig oder falsch.

Der Text der angewählten Schaltfläche wird in Rot geschrieben.

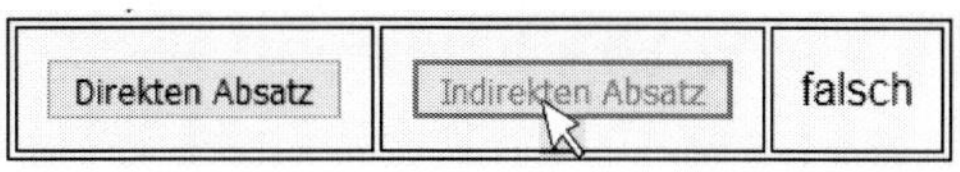

Hilfestellung:

```
<table>
  <tr>
    <td><button id="id_richtig" onclick="fu_richtig2();">Direkten Absatz</button></td>
    <td><button id="id_falsch" onclick="fu_falsch2();">Indirekten Absatz</button></td>
    <td id="id_ergebnis">richtig/falsch?</td>
  </tr>
</table>
```

Ergänzen Sie zu den folgenden Funktionen den JavaScript-Code.

```
function fu_richtig() {

}

function fu_falsch() {

}
```

Aufgabe 99:

Erweitern Sie **verkauf.html**, sodass beim abwechselnden Anklicken der Schaltflächen der Text der anderen Schaltfläche wieder in schwarz erscheint.

Notieren Sie die hinzugefügten Zeilen hier:

In function fu_richtig() folgende Zeile einfügen:

In function fu_falsch() folgende Zeile einfügen:

Mit JavaScript Text schreiben – document.write("ausgabe")

**document.write("Text" + Rechenoperation + *
"*);**

```
<body>
   <h4>Texte - Rechenoperationen - Breaks</h4>
   <p>
   <script type="text/javascript">
      document.write("Das ist ein Text.");
      document.write("<br />");
      document.write(12+13);
      document.write("<br />");
      document.write("Das ist ein Text. <br />" + (12+13) +  "<br />");
   </script>
   </p>
</body>
```

Texte - Rechenoperationen - Breaks

Das ist ein Text.
25
Das ist ein Text.
25

Aufgabe 100:

Erstellen Sie die Webseite **kopfrechnen.html** auf der drei Berechnungen erfolgen sollen. Fügen Sie als letzte Ausgabe den folgenden Satz hinzu: Zum Neuladen der Seite F5 drücken!

Meldungsfenster – window.alert("Meldung")

```
window.alert("11 zum Quadrat = " + 11*11);
```

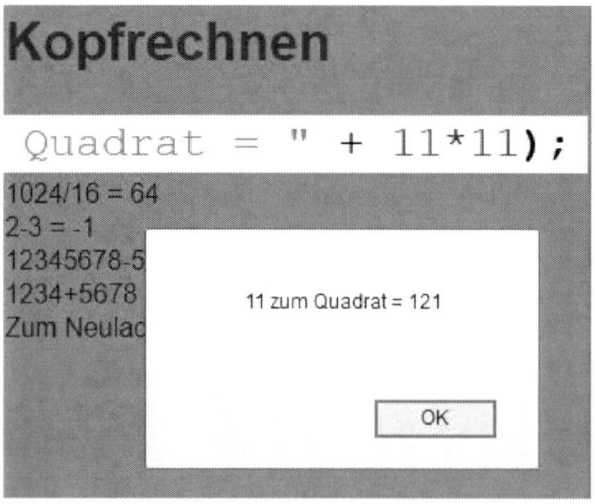

Aufgabe 101:

Erweitern Sie die HTML-Seite **kopfrechnen.html,** sodass nacheinander die im Info-Text dargestellten Meldungen erscheinen.

12.2 Rechnen in JavaScript

Rechenoperatoren

Plus	+	Mal	*
Minus	-	durch	/

Potenzen berechnen – Math.pow(Basis, Exponent)

```
document.write("8 hoch 3 = " + Math.pow(8,3));
```

Runden auf Nachkommastellen – Zahl.toFixed(Anzahl Nachkommastellen)

```
document.write("20 durch 6 = " + (20/6).toFixed(2));
```

Aufgabe 102:

Erweitern Sie **kopfrechnen.html,** sodass nacheinander die im Info-Text dargestellten Meldungen erscheinen.

Zum Neuladen der Seite F5 drücken!
8 hoch 3 = 512
20 durch 6 = 3.33

Besonderheiten mit des + - Operators - Datentypen

```
document.write("<br />6+6="+6+6);
document.write("<br />6+6="+(6+6));
```

6+6=66
6+6=12

Der + -Operator kann Texte aneinanderhängen (konkatenieren) oder Zahlen addieren. Dabei steht der + -Operator in der Mitte der beiden zu „addierenden“ Operatoren. Ist einer der beiden ein Text (String), arbeit + als Konkatenationsoperator, andernfalls als Additionsoperator.

Aufgabe 103:

Erklären Sie, nachdem Sie obigen Info-Text durchgelesen haben, weshalb folgende Befehlszeile als Ausgabe nicht 12 und nicht 66 erzeugt.

```
document.write("<br />6+6="+(6+6));
```

6+6=12

12.3 Eingaben mit JavaScript

Eingaben über ein Dialogelement - <input type="text" />

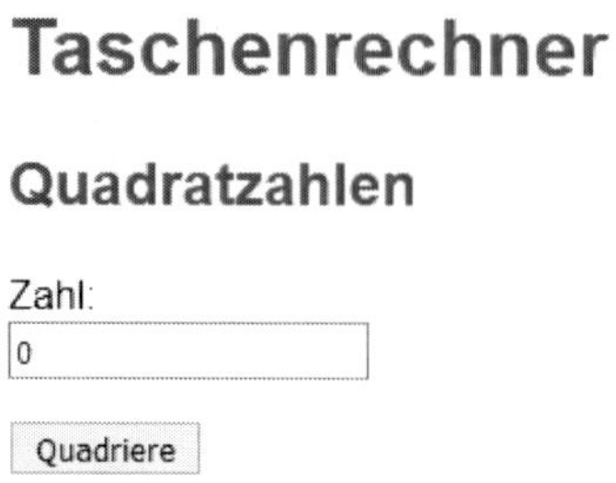

Texte werden im Formular über das <input>-TAG eingelesen.
Um die Benutzereingabe auswerten zu können, muss das **id-Attribut** für das Eingabeelement gesetzt sein. Voreingestellte Eingaben bzw. eingetippte Eingaben werden im **value-Attribut** gespeichert.

```
<p>Zahl:<br />
  <input type="text" id="id_zahl" value="0">
</p>
```

In Bluefish wird die Textbox über die Symbolleiste oder per Tippen eingegeben.

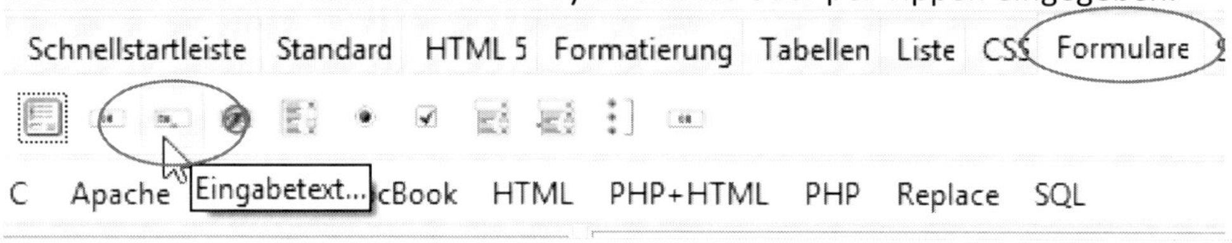

Aufgabe 104:

Erstellen Sie die HTML-Seite **taschenrechner.html** und binden Sie **lernweb.css** ein.
Die Seite soll aussehen wie im obigen Info-Text dargestellt, wobei das Ergebnis in einem Absatz mit der IB **id_ergebnis** unterhalb der Schaltfläche erscheinen soll.
Nennen Sie die Funktion zur Berechnung des Quadrats **fu_quadrat().**
Bauen Sie die Funktion wie im Folgenden beschrieben auf.

1. **Erfassen Sie das Gerüst der Funktion und die gezeigten Kommentare.**

```
<script type="text/javascript">
  function fu_quadrat(){
    // Deklarationen der Variablen
    // Eingabe
    // Verarbeitung
    // Ausgabe
  }
</script>
```

Funktionen werden nach dem EVA-Prinzip gegliedert.
E = Eingabe
V = Verarbeitung
A = Ausgabe

2. **Erfassen Sie die Deklarationen der Variablen.**

Geben Sie dazu vor jeder Variablen (zahl, ergebnis) das Schlüsselwort **var** (=Variable) an. Eine Variable ist ein Speicherplatz mit einem Namen. Der Variablen-Inhalt kann sich während der Programmausführung ändern. Das **var** legt fest, dass die Variable nur innerhalb der Funktion zugänglich ist. **Ohne var** ist die Variable öffentlich, d. h. auch außerhalb der Funktion kann sie benutzt werden.

```
  function fu_quadrat(){
    // Deklarationen der Variablen
    var zahl;
    var ergebnis;
```

3. **Weisen Sie Formulareingaben Variablen zu.**

```
    // Eingabe
    zahl = document.getElementById("id_zahl").value;
```

4. Programmieren Sie die Verarbeitung und weisen Sie das Ergebnis einer Variablen zu.

```
    // Verarbeitung
    ergebnis = zahl * zahl;
```

5. Programmieren Sie die Ausgabe.

```
    // Ausgabe
    document.getElementById("id_ergebnis").innerHTML = ergebnis;
  }
</script>
```

Typkonvertierung String zur Zahl - Multiplikation mit 1

```
20  function fu_plus(){
21    // Deklarationen der Variablen
22    var zahl1;
23    var zahl2;
24    var ergebnis;
25    // Eingabe
26    zahl1 = document.getElementById("id_zahl1").value;
27    zahl2 = document.getElementById("id_zahl2").value;
28    // Verarbeitung
29    ergebnis = zahl1*1 + zahl2*1;
30    // Ausgabe
31    document.getElementById("id_ergebnis").innerHTML = ergebnis;
32  }
```

Durch die Zuweisungen in den Zeilen 26 und 27 werden die Variablen zahl1 und zahl2 Variablen für Zeichenketten (Strings).

Würde Zeile 29 wie folgt lauten: `ergebnis = zahl1 + zahl2;`
dann wirkte das + als Verkettungsoperator. Durch die Multiplikation jeweils mit 1 in Zeile 29 werden zahl1 und zahl2 zum Datentyp Zahl konvertiert, wodurch das + als Additionszeichen wirkt.

Aufgabe 105:
Erstellen Sie die HTML-Seite **taschenrechner2.html** und binden Sie **lernweb.css** ein.

Dezimalzahlen in JavaScript
Kommazahlen werden in JavaScript mit **Punkt** als Dezimaltrennzeichen angegeben.

JavaScript erzeugt Rundungsfehler, die über die Rundungsfunktion **.toFixed()** korrigiert werden.

```
// Ausgabe
document.getElementById("id_ergebnis").innerHTML = ergebnis.toFixed(2);
```

13 Probleme strukturiert lösen

13.1 Das EVA-Prinzip

Das Eva-Prinzip

Probleme der Datenverarbeitung lassen sich unter Anwendung des EVA-Prinzips angehen.

Eingabe
Verarbeitung
Ausgabe

Aufgabe 106:
Erklären Sie das EVA-Prinzip an oben gezeigtem Beispiel eines Taschenrechners.

Eingabe(n):

Verarbeitung:

Ausgabe(n):

Aufgabe 107:
Menschen verarbeiten ebenfalls Daten. Erklären Sie das EVA-Prinzip an oben gezeigtem Beispiel eines Schachspielers (oder 4-Gewinnt- oder Computer-Spielers).

Eingabe(n):

Verarbeitung:

Ausgabe(n):

Eingabe
Verarbeitung
Ausgabe

Aufgabe 108:
Erklären Sie das EVA-Prinzip an folgenden Beispielen:
a) Ein Schüler wird etwas gefragt.
b) Eine Bäckereiverkäuferin erhält an der Theke eine Bestellung.

a)

b)

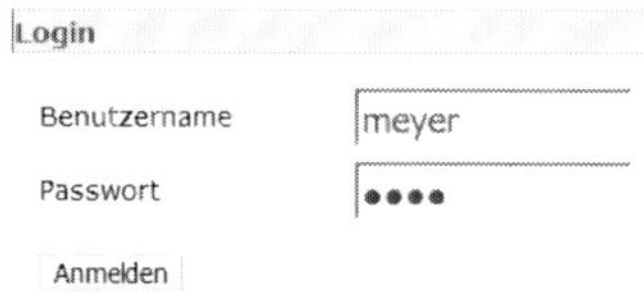

Aufgabe 109:
Erklären Sie das EVA-Prinzip am Beispiel der Maske zur Benutzeranmeldung.

Eingabe(n):
Verarbeitung:
Ausgabe(n):

13.2 Grafische Darstellung – Programmablaufpläne und Dialogmasken

Darstellung einer Folge von Anweisungen (Sequenz) im Programmablaufplan (PAP)

Das EVA-Prinzip

Eingabe

Verarbeitung

Ausgabe

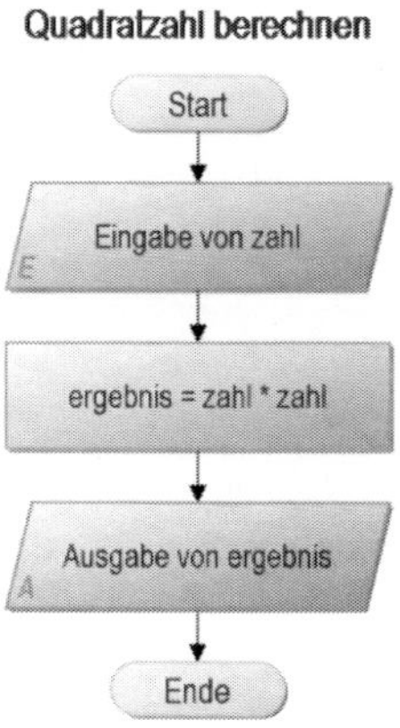

Anweisung 1

Anweisung 2

Anweisung 3

Sequenz

Der abgebildete Programmablaufplan wurde mit dem Programm PAP-Designer von Friedrich Folkmann erstellt. Das Handling des Programmes ist intuitiv und wir empfehlen den Einsatz des Programms beim Erstellen von Programmablaufplänen. Der PAP-Designer kann kostenlos im Internet heruntergeladen werden.

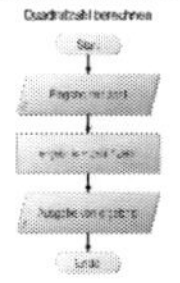

Aufgabe 110:

Erstellen Sie zum Berechnen einer Quadratzahl den Programmablaufplan. Speichern Sie ihn als **quadratzahlen.pap**.

Dezimalzahlen in JavaScript

Kommazahlen werden in JavaScript mit Punkt als Dezimaltrennzeichen angegeben.

```
var ust = 0.19;
```

Aufgabe 111:

Entwerfen Sie den Aufbau der Webseite **ust.html**, auf der ein User aus einem Nettobetrag einen Bruttobetrag bei 19 % oder 7 % Umsatzsteuer berechnet. Folgende Elemente soll die Webseite enthalten:

- Überschrift
- Eingabefeld(er)
- Schaltfläche(n) zur Auslösung der Funktionen; Funktionsnamen notieren
- Ausgabefelde(er)

Aufgabe 112:

Entwerfen Sie den Programmablaufplan der Funktion, die aus dem Nettobetrag den Bruttobetrag bei 19 % berechnet.

Aufgabe 113:

Erstellen Sie die Webseite **ust.html,** auf der ein User aus einem Nettobetrag einen Bruttobetrag bei 19 % oder 7 % Umsatzsteuer berechnet.

Runden Sie das Ergebnis auf 2 Stellen nach dem Komma mithilfe von:
.toFixed(Anzahl Nachkommastellen)

```
//Ausgabe
document.getElementById("id_brutto").innerHTML=bruttobetrag.toFixed(2);
```

Aufgabe 114:

Für die Webseite eines Autohauses soll eine JavaScript-Applikation erstellt werden, die den Bremsweg von Fahrzeugen nach der folgenden Faustformel berechnet:

$$\text{Bremsweg in m} = \frac{Geschwindigkeit\ in\ km/h}{10} * \frac{Geschwindigkeit\ in\ km/h}{10}$$

Erstellen Sie den Programmablaufplan der Berechnungsfunktion,
Name der Projektdatei: **bremsweg.pap**.
Erstellen Sie die HTML-Seite **bremsweg.html** zur Berechnung des Bremsweges nach der Faustformel.

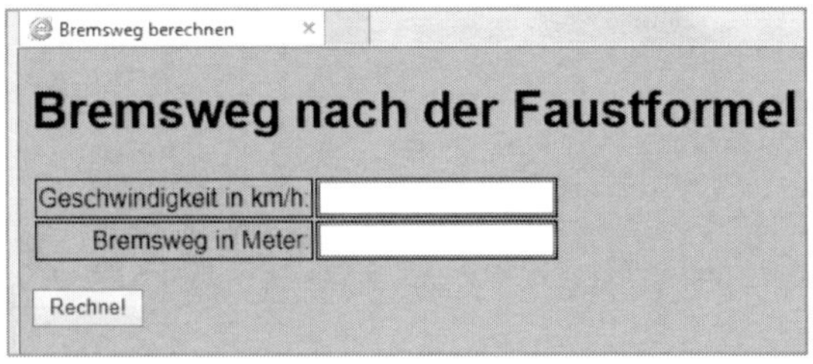

bremsweg.css

```
body {
    font-family: arial;
    background-color: orange;
}
td {
    border-style: solid;
    border-width: 1px;
    text-align: right;
}
```

14 Bedingungen

Zinsrechner für eine Webseite

Für die Webseite einer Bank soll eine JavaScript-Applikation erstellt werden, die Zinsen tagesgenau in Abhängigkeit des Anlagekapitals berechnet.
Das Kapital kann maximal über ein Jahr angelegt werden, der Zinsfuß beträgt grundsätzlich 2.
Bei einem Anlagekapital ab 50.000,00 € beträgt der Zinsfuß 3.
Die Bankformel zur Tageszinsberechnung rechnet mit 360 Tagen.

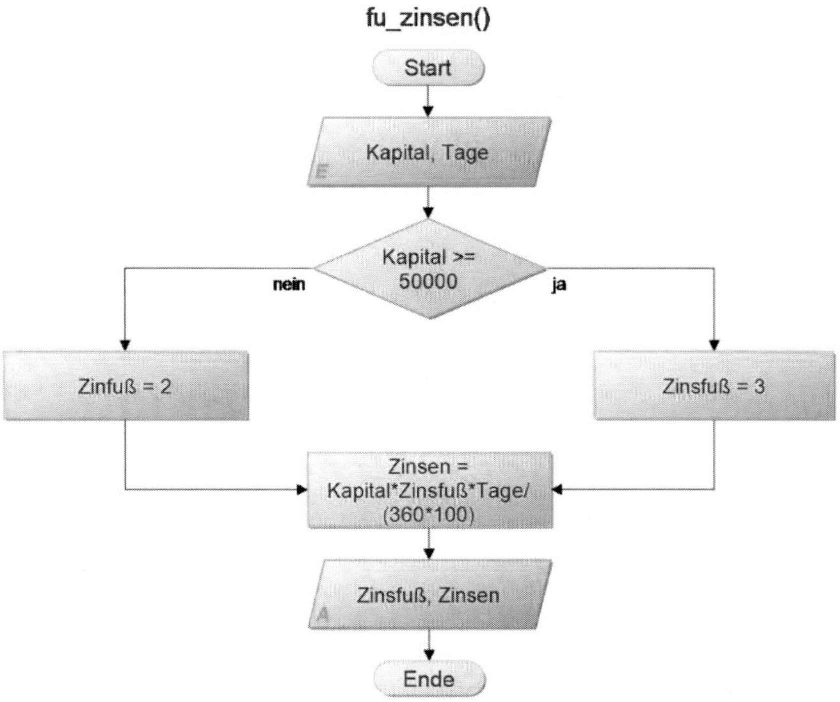

Die if-Anweisung mit else

Nach dem Schlüsselwort **`if`** wird die Bedingung in runden Klammern eingegeben. Trifft die Bedingung zu, werden die Anweisungen im **`if` –Block** ausgeführt, sonst die im **`else`-Block**.

```
if (bedingung) {
      Anweisung1;
      Anweisung2;
      ...
}else {
      Anweisung1;
      Anweisung2;
      ...
}
```

```
if (kapital <= 50000) {
   zinsfuss = 2;
}
else {
   zinsfuss = 3;
}
```

Folgt nach `if` oder `else` nur eine Anweisung, so können die geschweiften Klammern entfallen.

Vergleichsoperatoren

<	kleiner als
>	größer als
<=	kleiner oder gleich
>=	größer oder gleich
!=	ungleich
==	genau gleich

Logische Operatoren zum Verknüpfen von Vergleichen

&&	UND-Verknüpfung
!	NICHT (Negation)
||	ODER-Verknüpfung

Handling in Bluefish

Gibt man innerhalb des **<script>-TAGs** das Schlüsselwort **if** ein, so wird die Struktur der IF-Anweisung eingeblendet und kann mit der [Enter]-Taste übernommen werden.

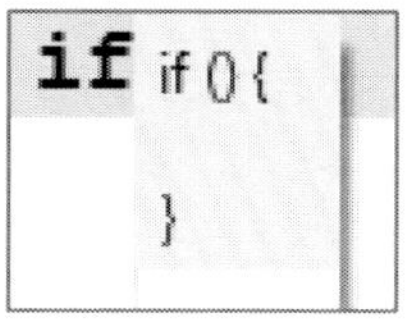

Aufgabe 115:

Erstellen Sie die HTML-Seite **zinsrechner.html**, auf der die Bankzinsen in der Funktion **fu_zinsen()** berechnet werden.

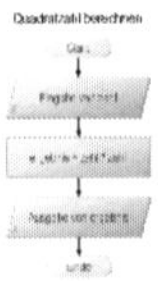

Aufgabe 116:

Das Modehaus *Branding* bezieht Textilien vom Großhändler *Stoffsee*.

- Ab einer Bestellmenge von 20 Stück betragen die Transportkosten 5,00 €.
- Bis zur Bestellmenge von 20 Stück berechnet *Stoffsee* 15,00 € Transportkosten.

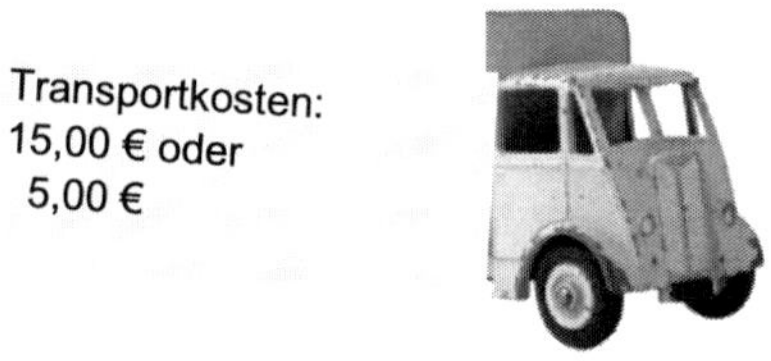

Erstellen Sie den Programmablaufplan der Funktion **fu_transkosten**, die nach Eingabe der Bestellmenge die Transportkosten des Großhändlers ausgibt.

Name der Projektdatei: **transportkosten.pap**

Aufgabe 117:

Erstellen Sie die HTML-Seite **stoffsee.html**, auf der die Transportkosten des Großhändlers in der Funktion berechnet werden.

Das nicht beschreibbare Ausgabefeld soll über eine CSS-Datei mit hellblauem Hintergrund formatiert werden.

CSS-Datei: **stoffsee.css**

```
body {
   background-color: yellow;
   font-family: arial, helvetica, sans-serif;
}
input[readonly = "readonly"]{
   background-color: lightblue;
}
```

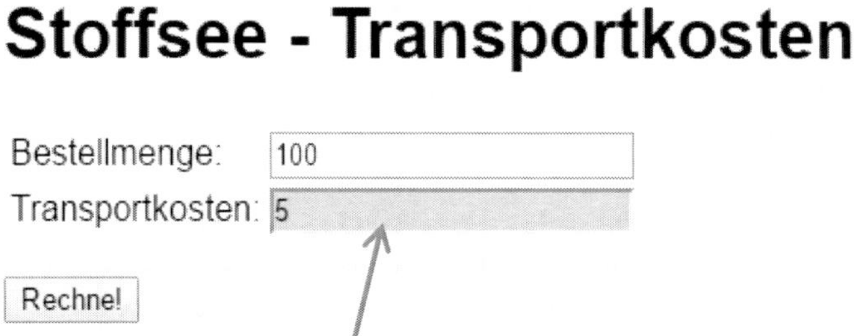

HTML-Datei: **stoffsee.html**

```
<td>Transportkosten: </td>
<td><input type="text" id="f_kosten" readonly="readonly" /></td>
```

15 Wiederholungen

15.1 Die Zählschleife (for-Schleife)

Die for-Schleife (Zählschleife)

Einsatz

Man setzt eine `for`-Schleife ein, wenn bekannt ist, wie oft bestimmte Anweisungen ausgeführt werden müssen.
Die `for`-Schleife wird solange die Bedingung erfüllt ist, ausgeführt.

Syntax

```
for (startwert; bedingung; zählausdruck)
{
   Anweisung(en);
}
```

Beispiel

```
<p>
   <script type="text/javascript">
   for (i=1;i<5;i=i+1) {
      document.write(i + " ");
   }
   </script>
</p>
```

Programmablaufplan

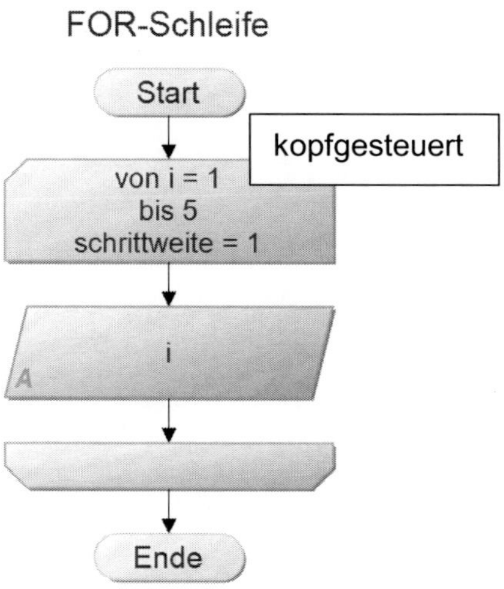

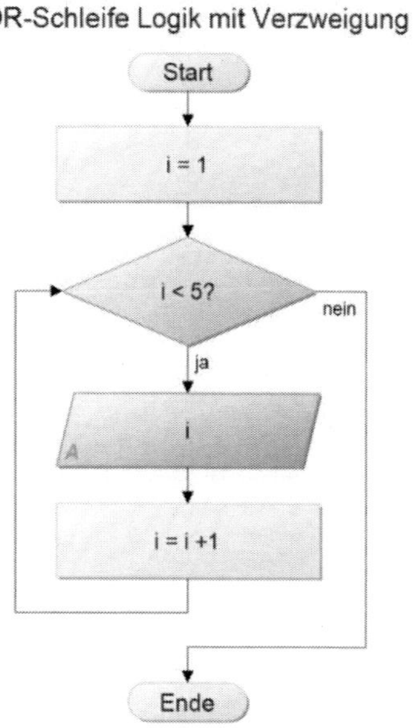

Aufgabe 118:

Erstellen Sie die HTML-Seite **zahlenreihen.html**, auf der die ganzen Zahlen von 1 bis 4 als Reihe aufgeführt werden.

Ändern Sie den Code so ab, dass folgende Anzeige entsteht.

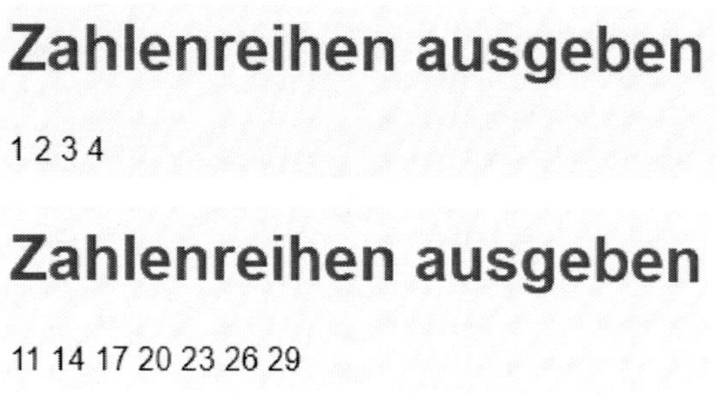

Aufgabe 119:

Nach Ablauf der Zählschleife enthält die Variable i, der Schleifenzähler, die nächste Zahl.

Erweitern Sie **zahlenreihen.html** um die Möglichkeit, die Folgezahl einzugeben. Nach Klick auf **Bewerte** soll je nachdem „Richtig“ oder „Falsch“ ausgegeben werden.

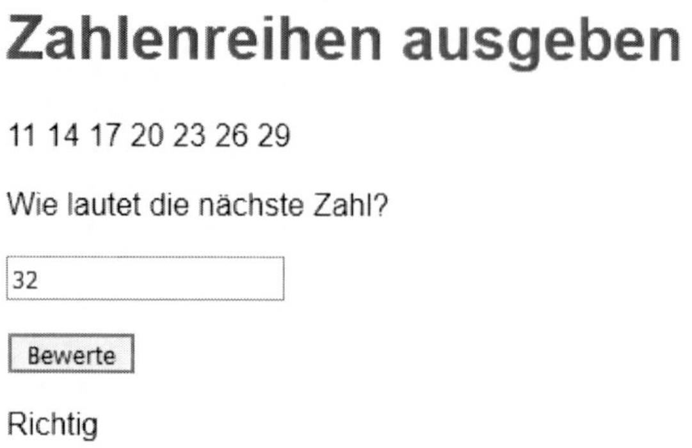

15.2 Die While-Schleife

While-Schleife

Einsatz

Man setzt eine While-Schleife ein, wenn von vornherein nicht bekannt ist, wie oft bestimmte Anweisungen ausgeführt werden müssen.
Dies ist der Fall, wenn sich in der Schleife Werte ändern und die Änderung zum Abschluss der Schleifenausführung führt.
Die While-Schleife ist **kopfgesteuert**, d. h. die Überprüfung der Bedingung findet schon beim Eintritt in die Schleife statt. Es kann folglich Fälle geben, bei der die Anweisungen in der Schleife nicht ausgeführt werden.

Syntax

```
while(bedingung){
   Anweisung(en);
}
```

Beispiel

Die ganzen Zahlen ab einer bestimmten Zahl unter 100 werden aufsummiert. Beträgt die Summe über 100, wird die Schleife verlassen. Wir wissen auf Anhieb nicht, wie oft die Schleife durchlaufen wird.
Gibt der Anwender als Startzahl eine Zahl über 99 ein, weist der Kopf die Schleifenausführung ab.

```
<script type="text/javascript">
function fu_summieren() {
   //Eingabe
   var zahl =
      document.getElementById("id_startwert").value;
   var summe = 0;
   var zaehler = 0;
   var ausgabe="";
   //Verarbeitung
   //Schleife
   while (zahl <= 100 && summe <= 100) {
      summe = summe*1 + zahl*1;
      ausgabe = ausgabe + "Zahl: " + zahl + " Summe "+ summe+ "<br />";
      zaehler = zaehler + 1;
      zahl = zahl*1 + 1*1;
   } //Schleifen-Ende
   //Ausgabe
   ausgabe  =  ausgabe + "Anzahl der Durchläufe: "+ zaehler +
               "<br />----------------------------------<br />";
   document.getElementById("id_ausgabe").innerHTML = ausgabe +
            document.getElementById("id_ausgabe").innerHTML;
}
</script>
```

Aufgabe 120:

Erstellen Sie die HTML-Seite **aufsummieren_while.html**, auf der Zahlenreihen wie im Info-Text dargestellt aufsummiert werden.

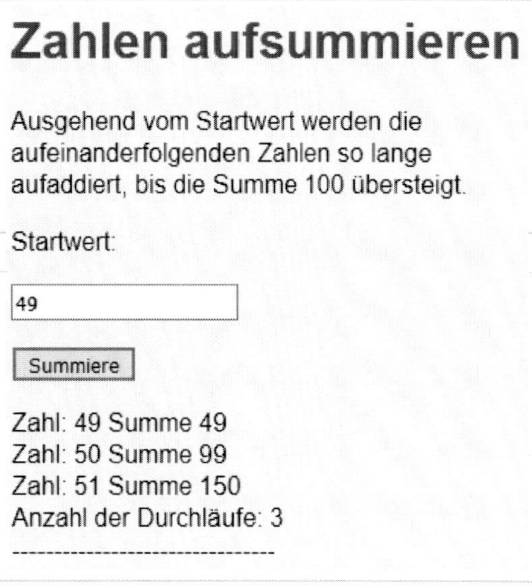

Aufgabe 121:

Erstellen Sie Programmablaufpläne in der Datei **aufsummieren.pap** zum Algorithmus des Aufsummierens wie im obigen Info-Text beschrieben.

Version 1: Schleifenkopf und Schleifenfuß
Version 2: Verzweigung

15.3 Die Do-Schleife

Die Do-Schleife

Einsatz
Genau wie bei der While-Schleife setzt eine Do-Schleife ein, wenn von vornherein nicht bekannt ist, wie oft bestimmte Anweisungen ausgeführt werden müssen.

Im Gegensatz zur While-Schleife ist die Do-Schleife **fußgesteuert**, d. h. die Überprüfung der Bedingung findet erst nach dem ersten Ausführen des ersten Schleifendurchlaufs statt.

Syntax

```
do {
  Anweisungsblock;
} while (Bedingung)
```

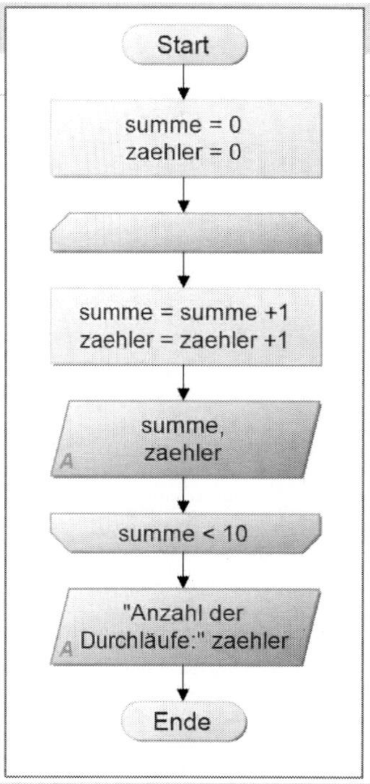

Aufgabe 122:

Erstellen Sie auf Grundlage der HTML-Seite **aufsummieren_while.html** die HTML-Seite **aufsummieren_do.html**, wobei statt der While-Schleife die Do-Schleife eingesetzt wird.

Aufgabe 123:

Ändern Sie **aufsummieren_do.html** wie folgt ab:
Die ganzen Zahlen ab der Zahl 1 werden aufsummiert. Solange die Summe kleiner als 10 ist, wird die Schleife ausgeführt.

Aufgabe 124:

zinsverzinsung.pap
zinsverzinsung.html, zinsverzinsung.css

Nach Eingabe der Größen Anfangskapital, Zinssatz und Jahre sollen die Endkapitalbeträge eines jeden Jahres zeilenweise in einer <div> ausgegeben werden.

Hinweis: Das Kapital des Vorjahres wird sukzessiv in einer Schleife verzinst – Sie benötigen also keine Funktion zum Potenzieren.

body
Schriftart: monospace
Hintergrundfarbe: Silber
Schriftfarbe. Blau
Schriftgröße: Faktor 1,5

div
Breite: 30%
Abstand nach oben: 20px
Rahmenlinie: durchgezogen
Rahmenfarbe: Schwarz
Innenabstand: 10px
Hintergrundfarbe: Weiß

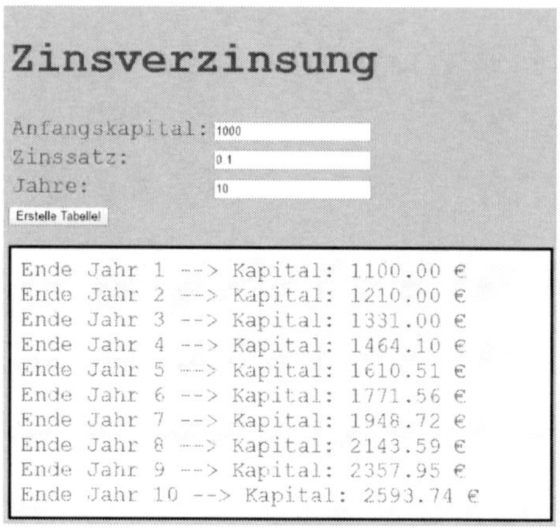

16 Eventhandler und Bilder

Bilder einfügen - <img>-TAG

Das <img>-TAG ist ein Inline-TAG, d. h. Bilder müssen in ein Block-Element wie dem <p>-TAG eingebunden werden.

Bild mit Bluefish einfügen

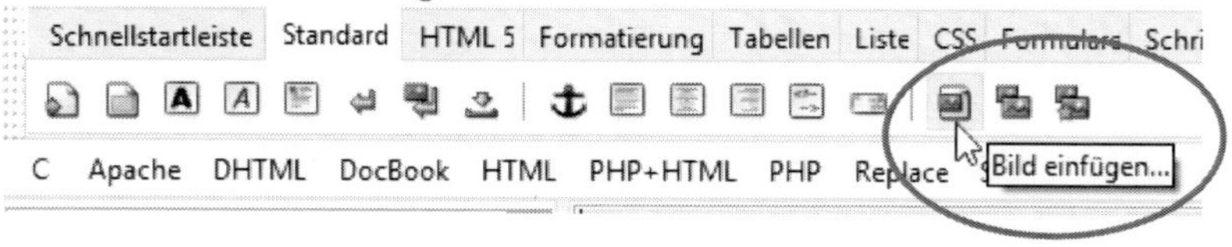

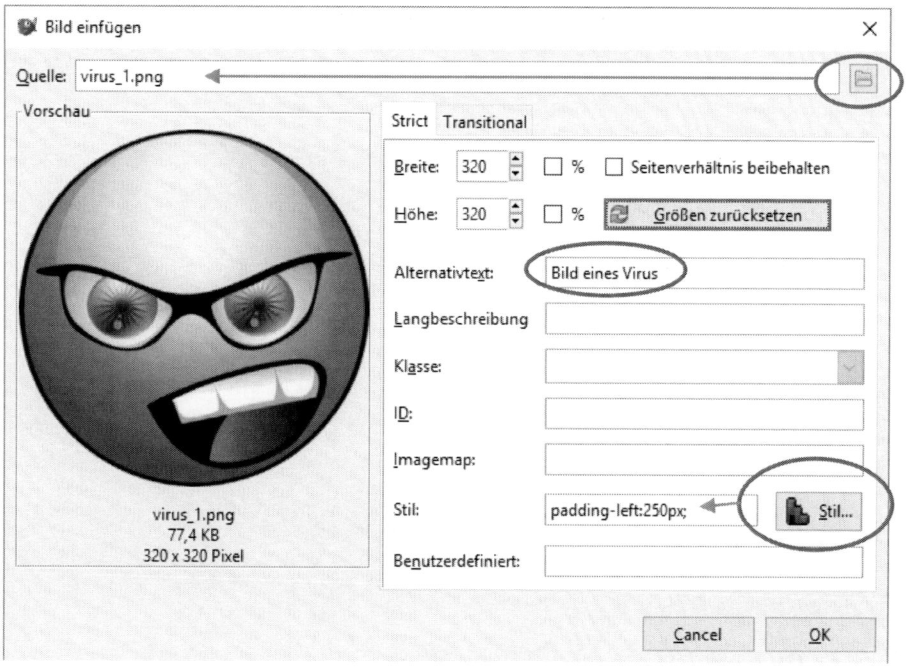


```
<p>
  <img src="virus_1.png" width="320" height="320"
       alt="Bild eines Virus" style="padding-left:250px;">
</p>
```

Aufgabe 125:

Erstellen Sie die Seite **event_spiel.html** und binden Sie **lernweb.css** ein.

Blinde bekommen Web-Seiten vorgelesen, geben Sie deshalb für das Attribut Alt „Bild eines Virus“ ein.

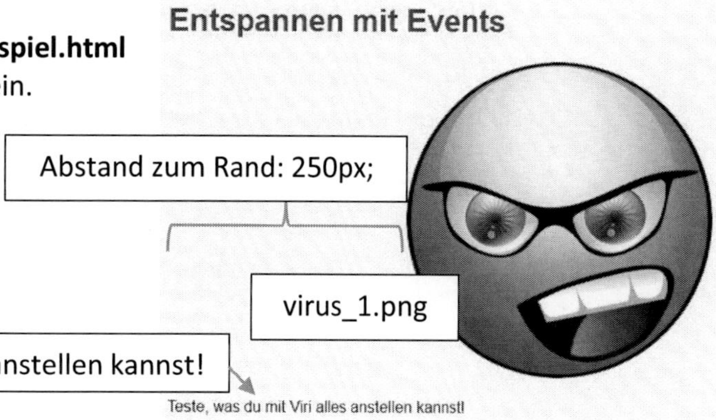

Teste, was du mit Viri alles anstellen kannst!

Ereignisbehandlungsroutinen – Eventhandler

Programmabläufe sind ereignisgesteuert. Ereignisse werden ausgelöst, indem Benutzer Tastatureingaben tätigen, auf Objekte klicken oder mit der Maus überfahren. Funktionen, die das Behandeln der Ereignisse übernehmen, nennt man **Eventhandler**.

```
<body onkeydown="fu_keydown(event);">
```

*Nach Eingabe von **on** erscheint in Bluefish eine Liste möglicher Ereignisse.*

Ereignis: Taste wird heruntergedrückt.

Funktionsname des Eventhandlers

Name der Funktion kann beliebig gewählt werden.

windows.alert-Befehl → *Dieser Befehl bringt eine Meldung auf den Bildschirm.* →

```
<script type="text/javascript">
  function fu_keydown(evt){
    window.alert("keydown-Event!");
  }
</script>
```

Hinweis: Manche Events können nur von bestimmten Elementen bearbeitet werden, wie zum Beispiel das keydown-Event vom <body>-TAG aber nicht vom <p>-TAG.

Aufgabe 126:

Erstellen Sie das Dokument **eventtest.html**. Binden Sie **lernweb.css** ein.
Belegen Sie die angegebenen Elemente mit dem jeweiligen Event und lassen Sie über den **windows.alert-Befehl** einblenden, welches Ereignis ausgelöst wurde.

```
<td onclick="fu_click();">onclick</td>
```

Aufgabe 127:

Beschreiben Sie, wann die oben genannten Events ausgelöst werden.

Aufgabe 128:

Erstellen Sie das Dokument **eventtest2.html** entsprechend dem oben abgebildeten Quelltext. Eine Darstellung des Ergebnisses sehen Sie hier.

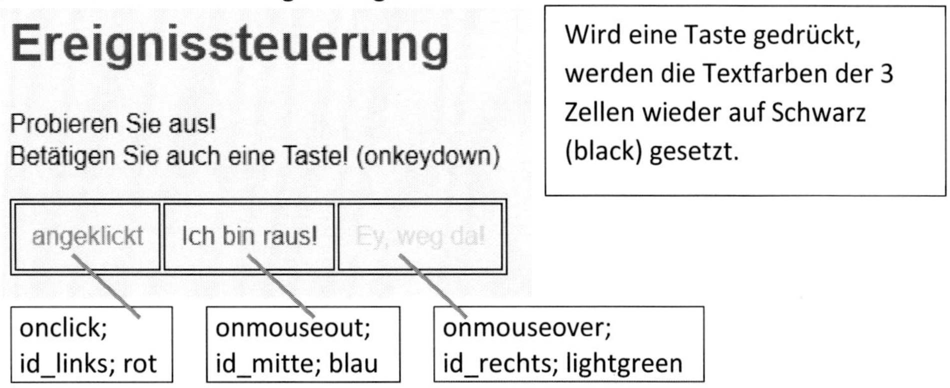

Aufgabe 129:

Erstellen Sie das Dokument **breakeven.html**. Binden Sie **lernweb.css** ein.

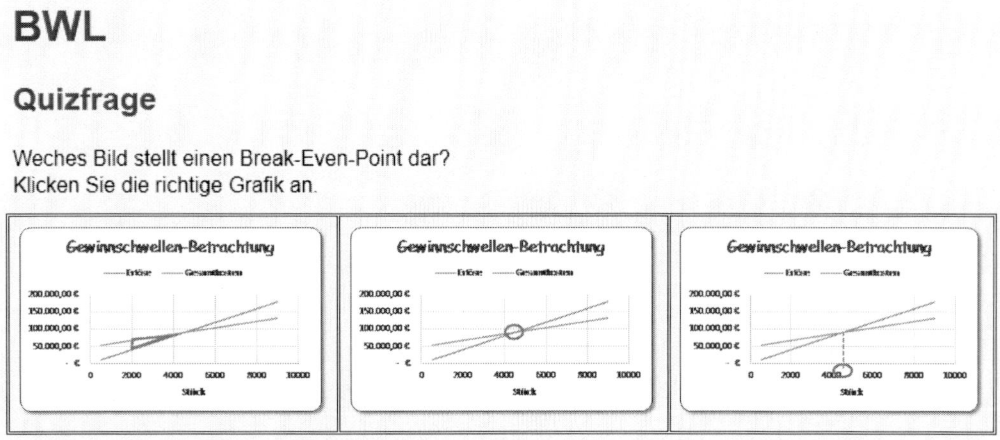

Wird die falsche Grafik angeklickt, erscheint an der entsprechenden Stelle eine Grafik namens **falsch.png**. Wird die richtige Grafik angeklickt, wird

a) die Source der beiden falschen Grafiken auf **falsch.png** gesetzt und
b) die Grafik **smiley.png** sichtbar.

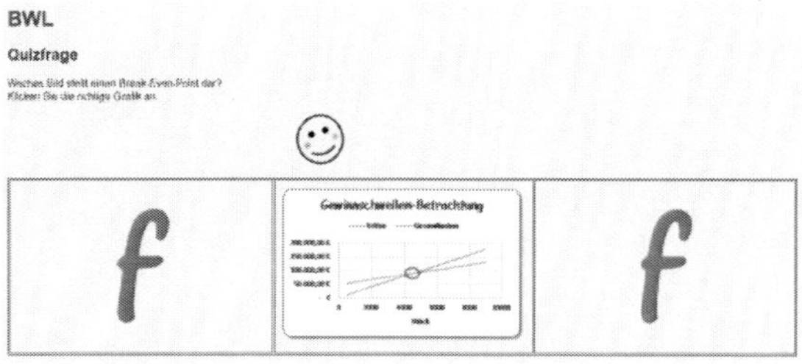

Tipp zum Ändern einer Grafik in JavaScript:

```
function fu_falsch(id) {
  document.getElementById(id).src="falsch.png";
}
```

Aufgabe 130:

Erweitern Sie die Seite **event_spiel.html.**

a) Wenn der Mauszeiger auf dem Bild steht, wird das Bild durch eines mit rausgestreckter Zunge ausgetauscht (virus_2.gif).

b) Verlässt der Mauszeiger das Bild, wird das Bild ohne Zunge als Quelle (src) gesetzt.

c) Ein Klick auf das Bild lässt es breit erscheinen (H x B "290px" x "450px").

d) Ein Doppelklick lässt es schmal erscheinen (H x B „"450px" x "290px").

e) Ein Tastendruck (<body onkeydown...>) setzt Höhe und Breite wieder auf 320px.

Ändern eines Bildes in JavaScript:

```
document.getElementById("id_bild").src = "virus_2.png";
```

Ändern der Größe eines Bildes

```
function fu_zeige_normal() {
    document.getElementById("id_bild").style.width="320px";
    document.getElementById("id_bild").style.height="320px";
}
```

1					
2	<body	<img	<img	<img	<img
3	onkeydown	onmouseout	onmouseover	onclick	ondblclick
4	fu_zeige_nomal	fu_zeige_virus_1	fu_zeige_virus_2	fu_zeige_schmal	fu_zeige_breit
5	width="320px"	src= "virus_1.png"	src= "virus_2.png"	width="450px"	width="290px"
6	height="320px"			height="290px"	height="450px"

17 ANHANG

Migration des lokalen Webauftritts auf bplaced

Schritt 1: BPLACED einrichten

1. Rufen Sie die Webseite https://www.bplaced.net auf.
2. Melden Sie sich für ein kostenloses Webhosting an.
3. Loggen Sie sich mit Ihren Zugangsdaten ein.

Im Beispiel heißt der Benutzer **aptadv**. Daraus folgt:

Internetadresse:	http://aptadv.bplaced.net
FTP	ftp://aptadv.bplaced.net
MySQL	http://phpmyadmin.aptadv.bplaced.net

4. Rufen Sie folgenden Menüpunkt auf:
5. Erstellen Sie eine MySQL Datenbank, merken sie sich Namen und Passwort der Datenbank.

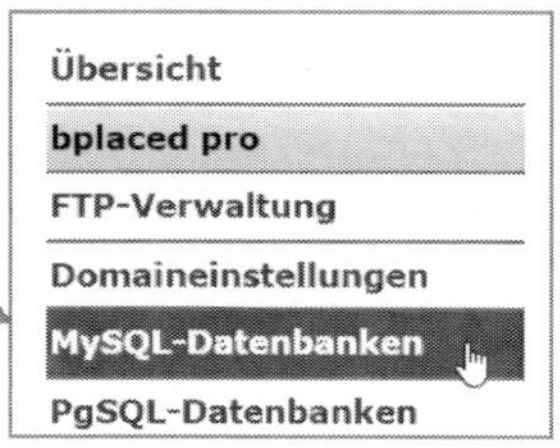

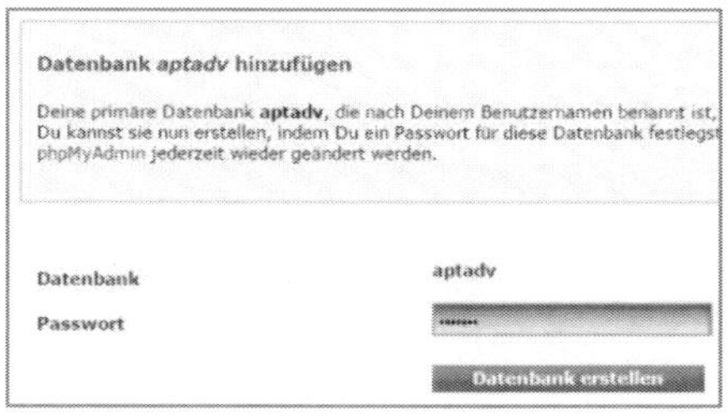

Schritt 2: Auftritt anpassen

1. Erstellen Sie eine Kopie des USBWebservers mit dem Auftritt, den Sie hochladen möchten.
2. Öffnen Sie den lokalen Auftritt im Backend.
3. Wählen Sie Einstellungen → Konfiguration und passen Sie den Installationspfad an BPLACED an.
4. Speichern Sie die Änderungen.

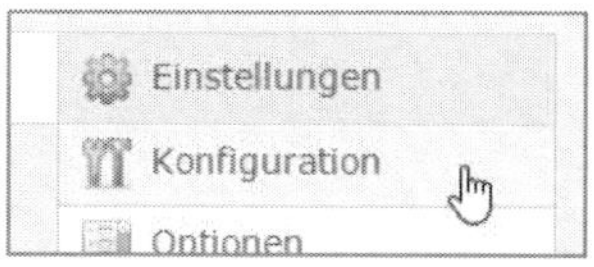

5. Öffnen Sie die Datei /root/fitweb/includes/**mysql.inc.php** in Editor oder in WordPad.
6. Passen Sie wie abgebildet an BPLACED an.

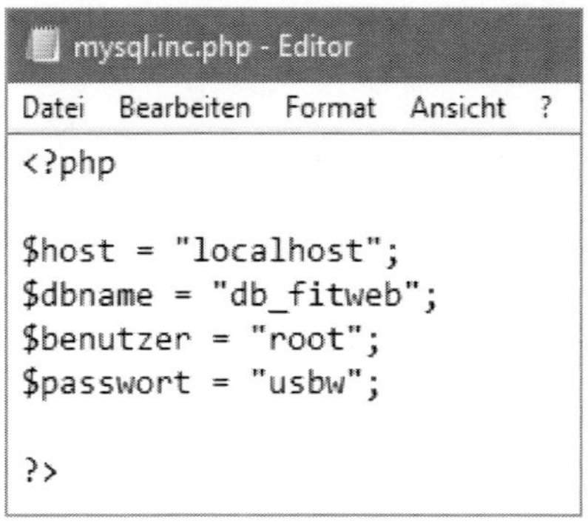

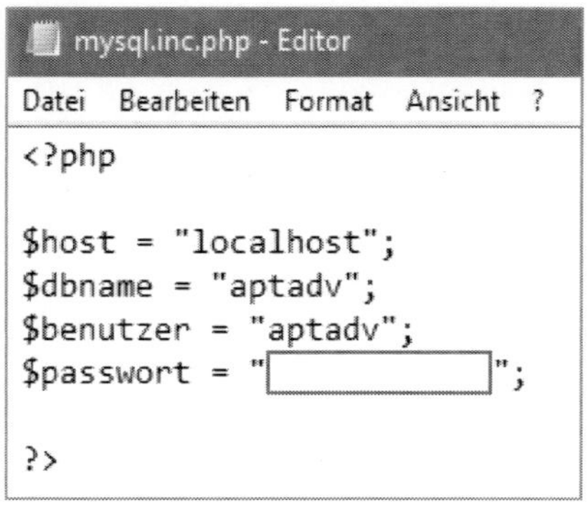

Schritt 3: Auftritt hochladen

1. Starten Sie den Explorer [⊞]+[E].
2. Geben Sie die FTP-Adresse von bplaced ein.

3. Melden Sie sich mit Ihren Daten an.

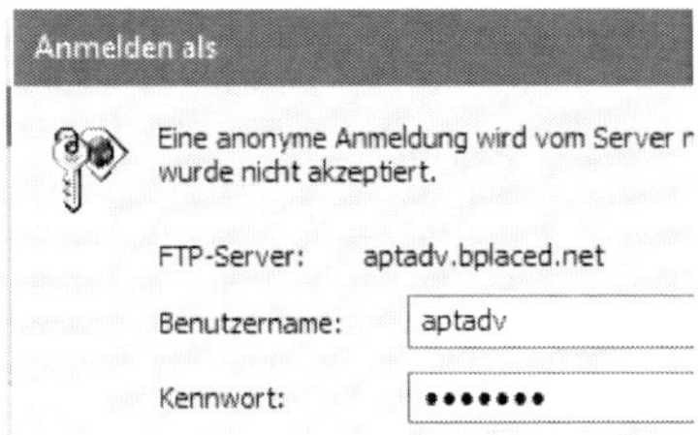

4. Ziehen die Dateien des Auftritts auf den BPLACED-Server.

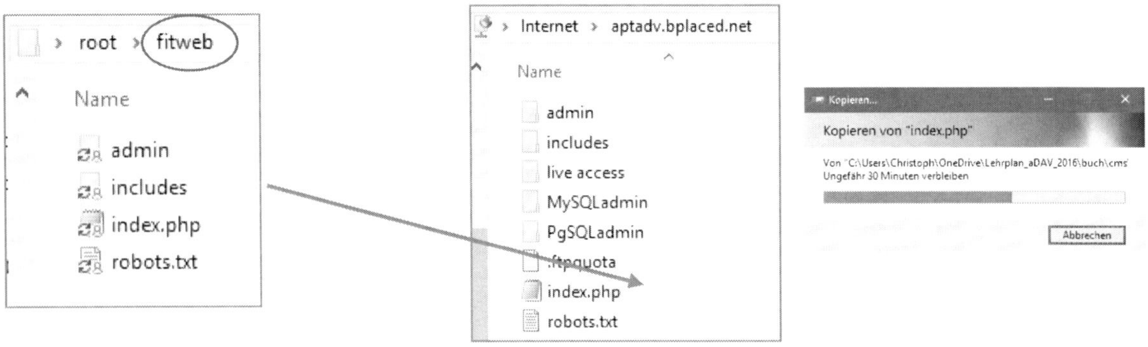

Schritt 3: Datenbank des lokalen Auftritts in BPLACED-Auftritt importieren

1. Starten Sie den USBWebserver des lokalen Auftritts.
2. Rufen Sie PHPMyAdmin auf.
3. Anmelden.

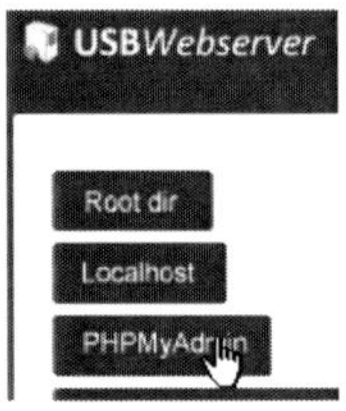

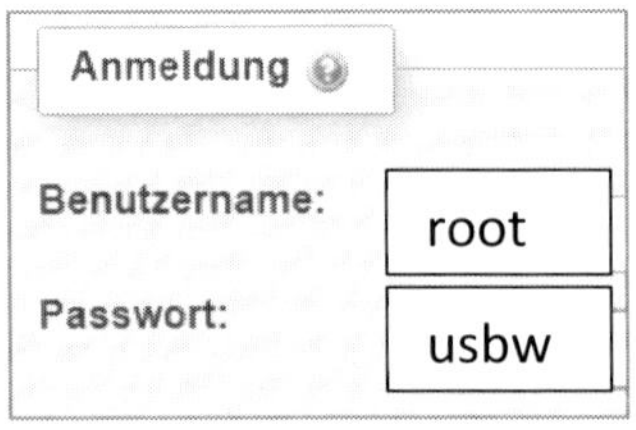

4. Doppelklick auf **db_fitweb**.

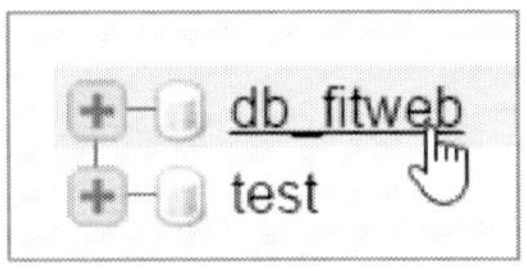

5. Wählen Sie Exportieren.

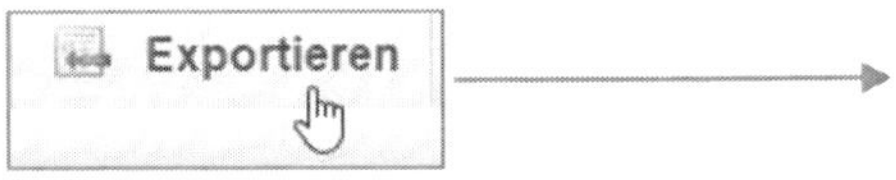

6. Die Datei **db_fitweb.sql** wird heruntergeladen. Speichern Sie diese auf dem Desktop.
7. Öffnen Sie die Datei **db_fitweb.sql** in **WordPad**.
8. Löschen Sie den markierten Abschnitt.

```
--
-- Datenbank: `db_fitweb`
--
CREATE DATABASE IF NOT EXISTS `db_fitweb` DEFAULT CHARACTER
SET latin1 COLLATE latin1_swedish_ci;
USE `db_fitweb`;

-- --------------------------------------------------------
```

9. Schließen Sie das Browserfenster und den USBWebserver.

10. Rufen Sie http://phpmyadmin.aptadv.bplaced.net auf und melden Sie sich an.

11. Doppelklick auf-→ 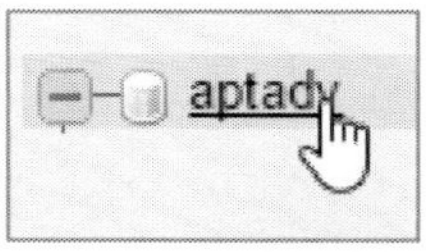

12. Wählen Sie **Importieren**. 

13. Klicken Sie auf Datei auswählen.
    Wählen Sie die Datei **db_fitweb.sql**.
    Starten Sie den Import über OK.

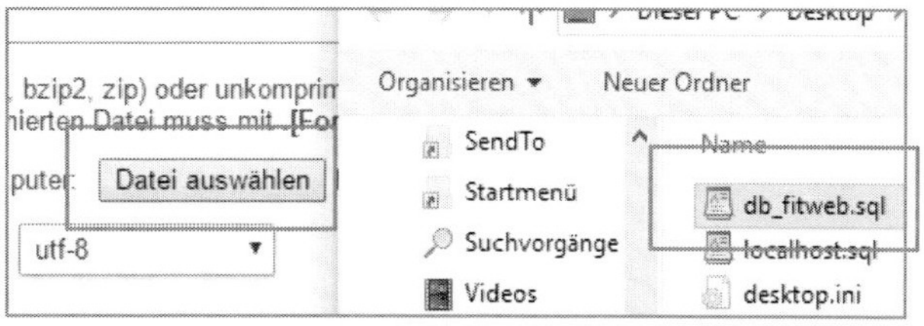

Testen Sie: http://www.aptadv.bplaced.net